AF344360

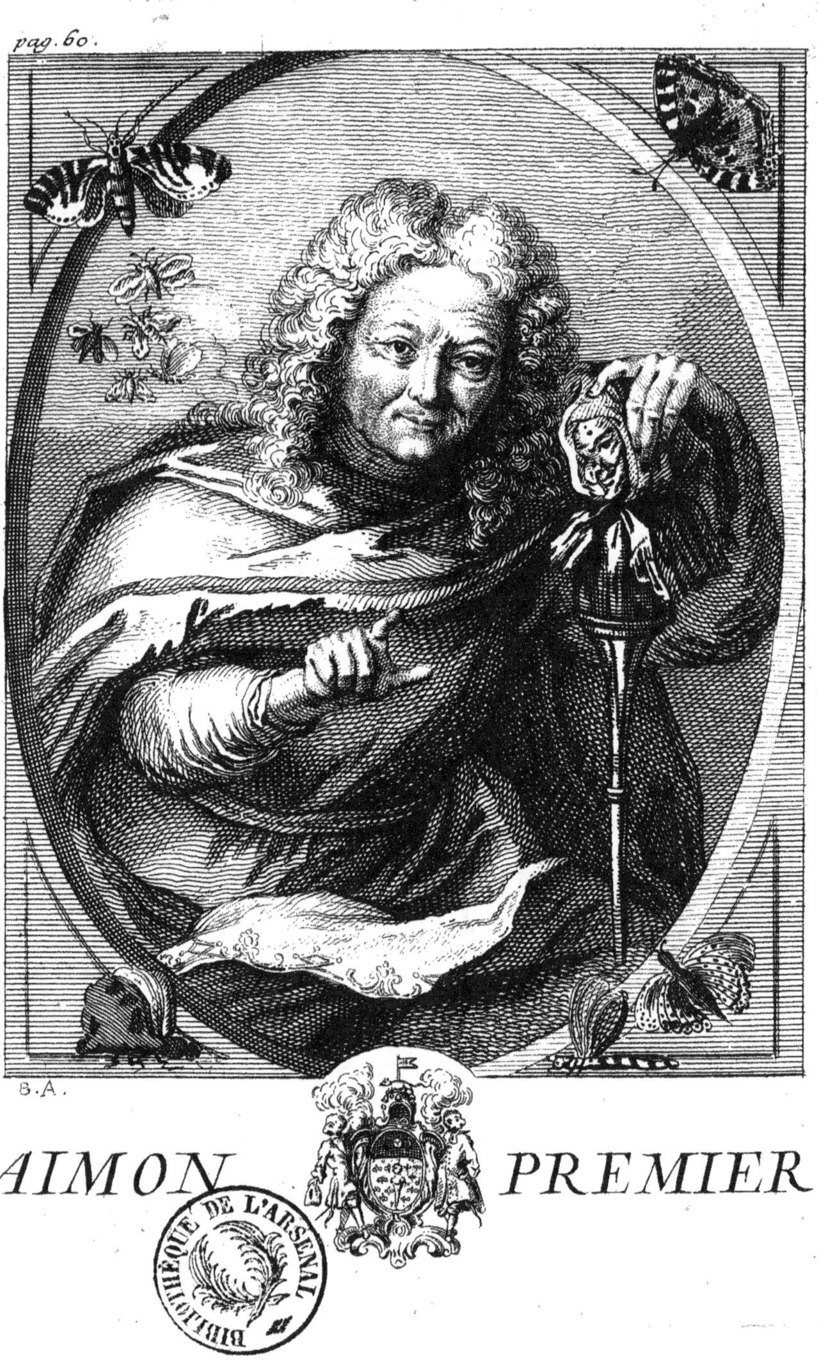

AIMON PREMIER

BIBLIOTHÈQUE DE L'ARSENAL

LE CONSEIL

DE MOMUS,

ET LA REVÜE

DE SON REGIMENT,

POËME CALOTIN.

O Toi qui veux, pour te mettre en go-
    guette,
De ce CALOTIN faire emplette ;
Apprends, tout ce que pour l'avoir
On est obligé de sçavoir.
Chez PANTALEON DE LA LUNE,
Non en plein jour, mais sur la brune,
Il fut imprimé lentement,
Mais aussi très correctement

â   Ni

8° B.L. 11784 (Réserve)

Ni la Presse Elzevirienne,
Ni celle des Freres Estienne,
Celle de Bleau, celle de Leers,
Les anciennes Presses d'Anvers,
Celles de Londres, dont les marges
Trop étroites jadis, aujourd'huy sont trop
larges,
De la sienne n'approchent pas.
MOMUS en fait un si grand cas,
Qu'avec Patente, il est Imprimeur ordi-
naire
Du REGIMENT, & son Libraire.
Employ lucratif à tel point,
Que ses profits ne s'imaginent point.
C'est dans RATOPOLIS sa joyeuse Patrie
Commodément logé grande rüe DES RATS,
Rüe longue de mille Pas,
Qu'il tient sa belle Imprimerie,

Qui

Qui répand par tout l'Univers

Et CALOTINE PROSE *, &* MAROTIQUES
　　VERS.

Connu, cheri de tous dans cette grande Ville,

L'Enseigne est un meuble inutile :

*De l'*ORDRE *de* MOMUS *cependant le*
　　Cordon

De Papillons semez sur un ruban citron

Décore, non pas sa Boutique ;

Fi ! Cela seroit bas, & par trop Méchani-
　　que ;

Mais son immense Magazin,

Tant frequenté de tout bon Calotin.

L'usage veut qu'encor ici datte je mette.

L'Edition fut donc complette,

Lorsque l'an trois fois dix, & cent fois dix-
　　sept,

Etoit bientôt au bout de son rollet ;

Puisque

Puisque l'on attendoit, sans faute, dans
    Quinzaine,
Le Jour où l'on donne l'Etrenne.
Ce détail est éxact, & ce Titre nouveau !
Mais où se vend ce Livre, enfin ? Sous le
    Manteau.

LE

LE CONSEIL
DE MOMUS,
ET LA REVÜE
DE SON REGIMENT.

CHANT PREMIER.

JE chante ce CONSEIL badin,
Dont jamais le Senát Romain,
Ni les grands Miniſtres de France,
N'égalérent la ſuffiſance.

A   Qui

Qui sans vouloir s'alambiquer,

A gravement politiquer,

Etendant par tout son Empire,

Le gouverne, en le faisant rire.

Qui depuis l'établissement

De son célebre REGIMENT,

Ne laisse aucune impertinence,

Parvenüe à sa connoissance,

Sans la régaler d'un BREVET,

De qui l'inévitable trait

Porte un immortel ridicule.

Il faut avaler la pillule

En quelque Rang qu'on soit placé ;

Et jamais il n'est effacé.

Les Têtes les plus élevées

Ne sont pas même préservées,

De

De son ironique courroux :

Le plus court est de filer doux ;

Et sans murmure & sans risposte,

D'occuper humblement son poste.

Seigneurs, Prélats, un Parlement,

Se révolteroient vainement :

La résistance est inutile,

Et ne fait qu'échauffer la bile

Des redoutables CALOTINS,

Qui lancent ses Foudres badins.

MUSE, dont le pinçeau burlesque

Peint tous les sujets en grotesque ;

Dont la noble simplicité,

Déconcerte la gravité

De l'orgueilleux Poëme Epique ;

Qui par ton parfait haut Comique

A 2

Egales

Egales les difcours bourgeois
A ceux des Heros, & des Rois,
Et qui fais fi fouvent la nique
Au trifte & fanglant Dramatique;
J'implore ton divin fecours.
Dans la carriere que je cours
Si tu n'éxauces ma priere,
Je refterai dans quelque orniere;
D'un pas gliffant viens me tirer.
Ah! fi tu daignes m'infpirer;
L'énergique du Marotifme,
Et l'amufant du Scarronifme,
Si doux, & fi plein d'agrément
(A)
Quand il badine noblement,
Et qu'il n'a pas lâché la bonde
(B)
D'une veine par trop féconde:

Les

Les Caracteres, les Portraits,

Dont Moliere a tracé les traits,

Si par ma plume tu t'exprimes,

Tout cela sera dans mes rimes.

Pour me faire aisément conter,

N'y voudrois-tu pas ajoûter

Cinq ou six gouttes de la veine
(C)
De ton Fablier la Fontaine ?

Formes, d'un mélange si beau,

Pour moi-seul, un stile nouveau.

N On loin de cette Capitale,

Qu'on nomme à bon droit sans égale, *

Momus sçût bâtir, sans Maçons,

Non pas des Petites - Maisons,

*. Paris sans pair.

A 3   Ainsi

Ainsi que les esprits vulguaires

Qui dans les Calotins misteres

N'ont pas l'honneur de pénétrer,

Pourroient ici se figurer ;

Mais un Palais dont la structure

Est unique dans la Nature.

On tient pour assûré qu'Audran (D)

L'ayant vû, se haussa d'un cran.

Quoi, dit-il, sur les Arabesques,

Sur Raphaël, sur ses Grotesques,

Lorsque j'ai si-bien rafiné ;

Content d'avoir imaginé

Cette noble bizarrerie,

Qu'à mon gré je diversifie :

Content des succés trop heureux

De mes Colifichets pompeux ;

J'incaguois

J'incaguois l'antique Peinture

Et tout Ordre d'Achitecture :

Mes délicats Brimborions ,

Sur leurs juftes proportions

Ayant par tout la préference ,

A corrompre le goût en France   (E)

Je bornois mon ambition :

Mais, quant à l'éxécution ,

J'ai crû. cette aimable impofture

Impoffible dans la Nature ,

De qui dans mes bizarres traits ,

Je m'écarte toûjours exprès.

Ici , mes plus creufes idées

Avec fuccés font hazardées :

J'y trouve leur fubtilité ,

Jointe avec la folidité ,

A 4

Qui

Qui toûjours est indispensable

Pour un édifice durable.

Mais que vois-je ! tous les défauts

Des Maisons, Palais, & Châteaux,

Ici se trouvent tous ensemble,

Et ce seul séjour les rassemble !

(Chaque Bâtiment, Dieu merci,

Du haut en bas en est farci :)

Ces fautes par tout dispersées.

Ici se trouvant ramassées,

Leur amas ne sied point trop mal

A ce Palais original !

Un Salmigondi pitoyable,

Présente un coup d'œil agréable ;

Bran de toutes les Regles, bran.

Vivat MOMUS, vivat Audran.

Or,

Or, de ce Palais magnifique,

Par un Pouvoir plus que magique,

(Car c'eſt enchantement divin)

Nul ne peut trouver le chemin,

S'il n'eſt par Patente authentique,

Membre de la Falotte Clique,

S'il n'a, pour parler clairement,

Quelque Employ dans le REGIMENT,

Par un BREVET en bonne forme :

Si-non, attendez-moi ſous l'Orme ;

Il rôde en vain pour le trouver ;

Jamais il ne peut arriver.

A ce ſéjour inacceſſible,

Qui toûjours reſtant inviſible

Aux yeux des vulgaires Humains,

Ne ſe montre qu'aux CALOTINS.

Le

Le Prophane qui d'avanture,

Vers ces beaux lieux prend son allûre,

Par un pouvoir qu'il ne sent pas,

En détourne soudain ses pas ;

L'enceinte en étant défendüe

Par une imperceptible nüe,

Qui pour lui devient mur d'airain,

Et lui fait rebrousser chemin.

Mais quand, par un bonheur extrême,

On a reçû l'honneur suprême

Du BREVET, les yeux sont ouverts.

De tous les coins de l'Univers,

Cedant à la force invincible,

Que le charme rend insensible,

Le CALOTIN, bon-gré, mal-gré,

A ce Palais est attiré

Par

Par une vertu magnetique ;

Tout ainſi que dans la Phyſique

Le Fer, irréſiſtiblement ,

Se trouve attiré par l'Aiman.

O combien ſon ame eſt émüe ,

La premiere fois que ſa vüe

Découvre les combles dorez

De Rats ſans nombre décorez !

Et qu'il entend les Giroüettes,

Que le Dieu Forgeron a faites

Non de fer blanc, mais d'un Métal

En legereté ſans égal ;

Ce rare métal eſt encore

Lumineux, & ſur tout ſonore :

Quand on le touche, au même inſtant ,

Il rend un ſon fort éclatant.

Tel

Tel fut le bruit charmant, & rare
(F)
Que rendit la Tour de Mégare,

Depuis le moment qu'Apollon

Y dépofa fon Violon.

Momus, pour ce qu'il vouloit faire

Jugeant que c'étoit fon affaire ;

Fondons en l'air, dit l'Immortel,

Un beau Concert perpetuel

Sur les toits de mon domicile,

Etabliffement fort utile

Pour un Dieu qui s'y veut loger !

Il dit ; & d'abord fit forger

Un nombre infini de Sonnettes,

De Cloches, Clochillons, Clochettes,

De Grelotins, & de Grelots,

Des plus petits, jufqu'aux plus gros.

Vul-

Vulcain fit faire en fa préfence

Cette befogne en diligence.

Le tout fini , fut étagé

Trés-artiftement ; puis rangé

Autour de chaque Giroüette ;

Et lui fit bordure complette :

Moins pour lui fervir d'ornement ,

Que pour en faire un Inftrument ;

J'entends Inftrument de Mufique :

Comme c'eft divine Fabrique ,

Cet Inftrument exprimera ,

Ce qu'aucun n'éxécutera ,

De tous ceux que pour l'harmonie ,

Sçût inventer l'humain genie.

Mais , pour la perpetuité ,

Un Air fans relâche agité

Etant

Etant du tout indispensable ;

Sçachant, qu'en cas presque semblable,

La fiere Junon visita

Le Roi des Vents, & le tenta

Par l'offre d'une Damoiselle

De sa suite Noble Pucelle ; (G)

MOMUS conclut, sans hésiter,

Qu'il doit aussi le visiter.

Je ne puis au juste vous dire

Quelle espece d'animaux tire

Son Char, ni même s'il en a ;

Parce que dessus ce point-là,

En deffaut je trouve la Fable :

Cependant, il est convenable

De lui donner Singes, & Rats.

Quant au Char ; je ne pense pas

Qu'il

Qu'il puisse être d'autre matiere

Que de notre unique Miniere ;

Car il auroit bien moins d'éclat ,

Quand il seroit d'Or de Ducat.

D'ailleurs , quoi de plus magnifique

Que de voyager en musique !

Le Monarque le plus puissant

Marche tout au plus en chassant.

Momus part donc pour son voyage

Charmé du brillant équipage ,

Dont ma Muse lui fait present

Dans un besoin assez pressant.

Le beau train en cadence vole ;

Et le rend bientôt chez Eole.

Qui va là ? Le Dieu Calotin.

Que vient-il chercher si matin,

Chez

Chez un Prince qui le révére ?

Mais, ouvrir la Porte cochere ;

Quoi-que je sçache mon devoir,

Cela n'est pas en mon pouvoir.

Les Boursouflez que je gouverne

Toûjours prêts.... Ouvrez la Poterne ;

Entrebaaillez-la seulement,

Je me coulerai doucement.

Cric, crac... Contez-moi votre affaire :

Pour Momus que pouvons-nous faire ?

Car Eole se doute bien

Qu'un grand Dieu ne vient pas pour rien,

Visiter cet antre sauvage.

Momus avec un doux langage

Lui communique le dessein

Qu'il avoit conçû dans son sein ,

Et

Et finit par la Calotine

Que son amitié lui destine.

Eole tout ragaillardi

Ah, dit-il, je serai ravi

D'entrer aussi pour quelque chose

Dans ce que MOMUS se propose:

Que lui faut-il ? Quatre ou cinq Vents.

Les demande-t'il pour longtems ?

Pour toûjours.....Oh la malepeste

Nous n'avons pas des Vents de reste:

Depuis que le bon Hollandois,

Le François vain, le fier Anglois,

Le devot de Lusitanie,

Et le rodomond d'Iberie,

Comme perdus courant les Mers

Vont jusqu'au bout de l'Univers.

B II

Il faut pour leurs routes reglées
En Occident, des Alizéés. (H)

J'ai toûjours grosse Garnison
Dans les Indes, pour la Mousson. (I)

En Afrique, la haute danse
De ce Cap de Bonne-Esperance, (K)

M'y fait tenir un Poste aussi,

Que j'entretiens coussi-coussi.

Il me faut tant de soufle encore

Du Couchant jusques-à l'Aurore,

Et d'un Pole au Pole opposé,

Que je suis toûjours exposé

Au courroux du Dieu Maritime,

Qui d'un rien, me fait un grand crime.

Quatre ou cinq Vents !.... Ce don fatal

Me réduiroit à l'Hôpital....

Cher

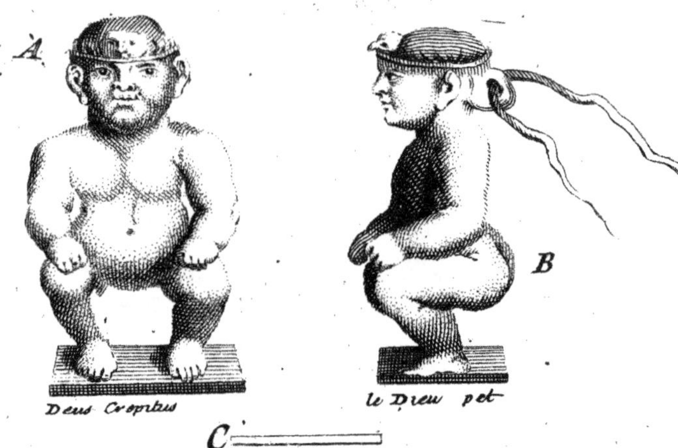

(A) Figure du Dieu Pet sous la forme d'un enfant accroupi qui semble se presser pour donner la liberté au vent qui l'incomode. Cette figure est d'une Cornaline de trois couleurs: le bas du corps jusqu'a l'estomac est rougeatre le haut jusqu'à la tete est blanc, et l'Escarbot inscete qui vit dans l'ordure est noir.

(B) Cette figure est le même Dieu de la grandeur quelle est ici dessinée. Elle est de terre cuite verdatre dans le Cabinet du Marquis de Cospi

(C) Veritable grandeur de la figure (A)

Cher Eole, la Calotine

A bien la plus piquante mine:

Mon Concert doit être un morceau

Si furprenant, & fi nouveau ....

Croyez lorfque je vous refufe....

Mais ne fuis-je pas une Buze!

Oüi, par Jupin, je fuis un fot

Puifque j'ai votre vrai balot.

Comment cela?.... Vous allez dire

Que je fais un conte pour rire:

Mais il eft certains Vents-Coulis,

Jadis adorez à Memphis,

Qui tantôt font doux, & paifibles,

Tantôt orageux & terribles.

De leur petit monde échapez,

Ils fe trouvent bien attrapez:

Certes

Certes on ne sçauroit pis faire

Que sortir hors de sa sphere :

A peine ces francs étourdis

Desertent le natal logis,

Qu'ils deviennent Vents inutiles ;

Le tout, faute de domiciles

Capables de les heberger :

Je pourrois pourtant les loger

A l'aise, dans cette Caverne

Où les autres Vents je gouverne,

Mais sçachez que les égrillards

Disent que ce sont des Bâtards,

Qu'on connoît à l'haleine forte :

Et comme il faut que chacun sorte

A son tour, ils n'y viendroient plus,

Si ceux-ci n'en étoient exclus.

Neptune

Neptune voulant qu'on s'en serve
Pour en faire un Corps de Reserve ,
Je méditois, dans quelque écart ,
De leur creuser Caverne à part.
Mais non ; je vous les abandonne :
Tous tant qu'ils font , je vous les donne :
Au bout du compte , c'est mon bien ;
Et chacun est maître du sien.
Pour le mérite de la Belle
Ce Don , n'est qu'une bagatelle :
D'ailleurs , pour obliger MOMUS ,
Je voudrois faire encore plus.
Et quant à la mauvaise haleine
Cela n'est rien ; la Quarantaine
Que MOMUS en éxigera ,
De reste les épurera :

B 3   Quaran-

Quarante Minuttes complettes ,

Rendront ces haleines très nettes.

MOMUS , avec un grand-merci,

Accepte d'abord le parti.

Contez , dit-il , mon cher Eole

Que je suis un Dieu de parole :

Ma promesse vaut un Contrat ;

Et si vous ne prîtes qu'un Rat ,

(Car votre attente fut trompée

(M)

En Croyant tenir Dejopée)

Venez épouser , dès demain ,

Le piquant minois Calotin

Dans mon Palais , où je veux faire

A mon bon Ami , chere entiere.

Nous vous donnerons au dessert ,

Le Prélude de mon Concert :

Que

Que pour chanter le mariage

Vous entendrez un beau tapage !

En effet , le Concert Divin

Commença , dès le lendemain.

Tâchons d'en donner une idée,

Qui ne foit nullement fardée.

La Bize, au fiflement plaintif ,

Fait le traînant Récitatif ,

Qui très-éxactement copie

Le Plain-Chant, la Monotonie,

De ces beaux Opera fi longs,

Chefs-d'Oeuvre de de-là les Monts.

De peur que le fommeil n'accable

Pendant ce recit lamentable,

Zephire a la précaution,

De réveiller l'attention

(N)

B 4   Par

Par l'Ariette, qu'il ramene

Sans faute, au bout de chaque Scene.

Ses paroles, ses roulemens,

Ses badins accompagnemens,

Précedez de leur ritournelle,

Sont la plus noble bagatelle,

Et le plus magnifique rien,

De tout le goût Italien.

Telle est donc l'éternelle Aubade,

De la principale façade :

Vison-visu, quatre ou cinq Vents,

Qui par reprises vont souflans,

Font la sautillante Cantate.

L'Ouragan, fait de la Sonnate

Le surprenant Broüillamini

Qui va souvent à l'infini.

Lully

Lully , tu n'as plus droit de plaire

Qu'aux Mélophiles du vulguaire :

Mais , à parler sincerement ,

Paris doit ce rafinement

A l'incomparable avantage

De se trouver au voisinage

De l'Enchanté Palais divin :

Car comme Paris est tout plein

De nos CALOTINS d'importance ,

Qui décident du goût en France ;

En frequentant dans le Palais ,

Au Carillon ils se sont faits :

Et trouvant toute autre harmonie

D'une plattitude infinie ;

Adopter l'avis different ,

C'est nager contre le Torrent.

Mais

Mais entreprendre de décrire,

Tout ce qu'en ce Palais admire

Le nouveau venu CALOTIN,

Ce feroit l'Ouvrage fans fin.

Je paſſe donc ſur des merveilles

Sans ſecondes, ou ſans pareilles :

Je paſſe des enchantemens,

Plus beaux que tous ceux des Romans ;

Pour vous faire la confidence

D'un ſecret de haute importance ;

Qui, ſur le CALOTIN SENAT,

Jette le plus brillant éclat.

Si vous petillez de l'entendre,

Je brûle auſſi de vous l'apprendre :

Admirez ma diſcretion,

Et redoublez d'attention.

NOTES
SUR LE PREMIER CHANT.

(A) *Quand il badine noblement,*

C'Eſt ce qu'il ne faiſoit pas toûjours ; car il tom-boit quelquefois dans un bas , indigne de luy.

(B) *D'une veine par trop féconde;*

On lui reproche de même que ſes Vers ſont ſouvent lâches , & peu châtiez. Il ne ſe donnoit pas la peine de les frapper , & de corriger ſes Ouvrages. D'ailleurs *neſciebat deſinere.* On a reproché à Ovide ce dernier défaut.

(C) *De ton Fablier la Fontaine ?*

Le Fameux Chapelle que Deſpreaux , Moliere , Racine, aimoient & craignoient également ; car il étoit leur ami , & en même tems un excellentCritique qui ne leur paſſoit rien : Ce même Chapelle avoit coûtume de dire

en

en parlant de La Fontaine , qui étoit aussi son ami particulier, que c'étoit un Fablier ; un Arbre qui portoit
des Fables. J'ai sçû ce trait, d'une personne qui l'avoit
fort connu. Après un homme si considerable dans la
République des Lettres , je hazarde avec confiance ce
mot nouveau , quelque ennemi que j'en sois en général : Il m'auroit été aisé de mettre *du Fabuliste la Fontaine* ; le Vers y seroit également ; mais ma pensée ne
seroit pas si-bien rendüe.

(D) *On tient pour assûré qu'Audran*

Audran est un fameux Peintre qui a rafiné sur le
goût des Grotesques, que Raphaël avoit presque inventé ; mais dont cependant il avoit pris le fonds, des ornemens de Peinture plus anciens , & moins délicats ,
appelez Arabesques ; parce que les Arabes s'en sont servis , & que les Mahometans , à qui les représentations
des choses animées sont défendües par leur Loy , en
usent volontiers. La Ménagerie de Versailles , Meudon,
& quantité de belles Maisons de Paris, & des environs,
sont pleines des Grotesques d'Audran.

(E) *A corrompre le goût en France*

Ce n'est pas pour dénigrer le goût des Grotesques,
qui est charmant quand il est bien appliqué ; mais pour
critiquer

critiquer certaines gens qui le préferent aux plus beaux, & plus moëlleux morceaux de la Peinture ordinaire : Je prétends auſſi attaquer par-là les foibles imitateurs d'Audran.

(F) *Que rendit la Tour de Mégare,*

Il y avoit à Mégare une Tour, appelée la Tour d'Alcothoüs, du nom de l'Architecte qui l'avoit fait bâtir; & dans cette Tour un Autel, ſur lequel cet Alcothoüs avoit ſacrifié aux Dieux avant d'en jetter les fondemens. Près de cet Autel, une Pierre qui rendoit un ſon tres-harmonieux, quand on la frappoit avec un petit caillou. Les Mégariens avoient pour tradition, qu'Apollon banni des Cieux, s'étoit loüé à cet Alcothoüs pour lui ayder à bâtir cette Tour ; & qu'il y avoit en effet travaillé : Qu'un jour ayant poſé ſa Lyre ſur cette pierre, elle avoit contracté la vertu de rendre ce ſon merveilleux, qu'elle avoit toûjours conſervé depuis. *Pauſanias dans ſon Attique.* **Liv. I.**

(G) *De ſa ſuite noble Pucelle,*

Junon allant viſiter Eole pour l'engager à déchaîner les Vents contre la Flotte d'Enée, lui promit en mariage Dejopée, la plus belle de ſes quatorze Nymphes. *Virg. Liv. VI.*

(H) *En*

(H) *En Occident des Alizées.*

On appele *Vents Alizées*, des Vents qui fouflent pendant une faifon entiere du même côté, & qu'on rencontre à une certaine hauteur, dans les Voyages des Indes Occidentales ; foit en partant d'Europe, foit en revenant. On regle le départ des Vaiffeaux fur cette faifon : Quand on a rencontré les *Vents Alizées* on amarre les voîles, pour le refte du Voyage.

(I) *Dans les Indes, pour la Mouffon.*

De la même maniere, dans les Mers des Indes Orientales, les Vents fouflent pendant une faifon entiere du même côté ; Cette faifon eft appelée *la Mouffon* ; & les Navigateurs l'épient curieufement dans ces Mers : car fi on la manque, & qu'on fe trouve en Mer dans la faifon de pluyes, qui eft l'hivet de ces Pays-là, la Navigation devient très-perilleufe.

(K) *De ce Cap de Bonne-Efperance,*

On connoît qu'on approche de ce Cap, parce qu'on y trouve toûjours une Mer agitée, & très-haute.

(L) *Mais il eft certains Vents-Coulis.*

Les Vents ont été adorez par la plus grande partie des Nations Payennes, comme des Agents terribles & impéné-

impénétrables, comme de merveilleux Ouvriers des orages & de la sérénité de l'Univers, & comme les maîtres de la Nature. Les Scithes juroient par le Vent, & par leur Epée. Les Romains sacrifioient une Brebis noire aux Vents de l'Hiver, & une blanche aux Zephirs. L'Empereur Auguste se trouvant dans la Gaule Narbonnoise, & consterné de la violence du Vent *Cirtius*, qu'on appelle encore à Narbonne *le Vent de Circe*, qui renversoit les Maisons & les plus grands Arbres, & donnoit néanmoins à l'air une merveilleuse salubrité, fit vœu de lui bâtir un Temple, & le lui bâtit effectivement. Les Egyptiens, qui malgré leur sçavoir & leur sagesse, poussèrent une ridicule & basse idolâtrie plus loin que tous les autres Peuples, divinizerent jusqu'au Dieu *Crepitus*, ou *Dieu Pet*, qu'ils adorerent sous la forme qu'on a donnée. Voïez là-dessus une Dissertation qui se trouve dans la premiere Partie de la continuation des Mémoires de Litterature & d'Histoire de Mr de Salengre, pag. 48. & suivantes. On cite ici cette Dissertation ; parce qu'elle rassemble avec une érudition choisie & éxacte, ce qui se peut dire de plus curieux sur cette matiére. *L'Homme*, dit cet Auteur, *qu'on a appellé* LE MICROCOSME, *c'est-à-dire*, LE PETIT MONDE, *a ses Vents, comme le Grand ; lesquels dans les trois regions de son corps, comme dans trois*

climats

climats differens , produisent des tempêtes & des orages
quand ils sont trop abondans & trop rapides ; & don-
nent du rafraîchissement au sang , aux esprits animaux ,
& aux Parties solides; & la santé à tout le corps, quand
ils sont doux & reglez, dans leurs mouvemens. Les Egy-
ptiens decernerent donc les honneurs divins à ces Vents
DU PETIT MONDE, *comme aux autheurs de la Ma-*
ladie , & de la Santé du corps humain. Il cite ensuite
pour appuyer ce qu'il avance, les Autoritez de CLEMENT
LE ROMAIN, MINUTIUS FELIX , SAINT JERÔME, &
S. CEZAIRE. Il en auroit pû citer plusieurs autres,
mais celles-là sont plus que suffisantes. *Menage* dit que
LE DIEU PET étoit adoré par les Pelusiens.

(M) *En croyant tenir Dejopée ,*

Au lieu de la Nymphe Dejopée que Junon avoit pro-
mise à Eole pour l'engager à éxécuter ses volontez ,
il n'eut pour fruit de sa complaisance qu'une sevére
réprimande, que Neptune lui fit faire par les Vents, en
les renvoyant dans sa Caverne. *Maturate fugam, Re-*
gique hæc dicite vestro , &c. Virg.

(N) *Le Plain-chant , la Monotonie.*

Dans les Opera Italiens qui durent plus de quatre
heures, les Scenes entieres qui sont presque toutes

tres-

très longues, n'ont point d'autre Récitatif qu'une maniere de Plain-Chant toûjours uniforme. C'eſt à peu
près ſur le même ton qu'ils déclament toutes ſortes de
Vers. En effet, régulierement & ſans aucune exception,
toutes les Scenes finiſſent par une Ariette, qui n'eſt pas
du corps du Poëme, mais qui a cependant rapport
avec la Scene qui la précede. Cette Ariette eſt toûjours
attendüe avec impatience ; on reſerve pour elle toute
l'attention : Et parce que ce Plain-Chant ou déclama-
tion chantante des Scenes va fort vîte, il n'eſt preſ-
que pas poſſible de le ſuivre, ſans avoir le livre à la
main. C'eſt auſſi à quoi perſonne ne manque, dans les
premieres Repréſentations ſur tout.

(O) *Qu'aux Mélophiles du vulguaire.*
Amateurs de la Muſique. On appeloit, il n'y a pas
long tems Mélophiletes, les Membres d'un certain Concert, qui tant qu'il a duré, a été fameux à Paris.

FIN DU PREMIER CHANT.

C

LE CONSEIL
DE MOMUS,
ET LA REVÜE
DE SON REGIMENT.

CHANT SECOND.

CE que MOMUS a dans la tête,
Il l'acheve; rien ne l'arrête.
Et construire son beau Réduit,
Ce fut l'Ouvrage d'une nuit.

C 2

L'Aurore

L'Aurore en sortant voit paraître

Ce Chef-d'œuvre de main de Maître.

La Déesse saute à l'instant

Dans son joli char qui l'attend ,

Et sans sortir de sa voiture

Annonce l'étrange avanture

De porte en porte, chez les Dieux.

Sur le champ, au balcon des Cieux

(A)
Tous accoururent , hors Astrée ,

Qui vit là-haut fort retirée ,

Et qui pleine d'un fier dépit

Ne veut sçavoir, ni ce qu'on dit

Ni ce qu'on fait , en nos Contrées.

Les Lunettes furent tirées

Pour lorgner plus distinctement,

L'heteroclite Bâtiment.

Mais

Mais quoique, par la Longue Vûe

Mainte beauté fut apperçûe,

On s'écoule infenfiblement.

Chacun defcend furtivement

Sur les bords que la Seine lave,

Et du grenier jufqu'à la cave,

Parcourt LE PALAIS CALOTIN,

Qui de ce Fleuve eft riverain.

Il n'eft morceau qu'on ne critique :

De goût, tout Grand Seigneur fe pique :

Et pour trancher du Connoiffeur,

Il faut bien faire le Cenfeur.

Mais, au Maître, qu'ils y trouverent,

Sur un autre ton ils chanterent :

Il faut avoüer cher MOMUS

Que tout feul, vous en fçavez plus

Que nous n'en sçavons tous ensemble.

Le Dieu sous qui l'Univers tremble,

Au retour commande un Festin

Pour régaler le CALOTIN.

N'attendez pas que je m'arrête

A vous détailler cette Fête;

On sçait que les Banquets Divins

Sont repas somptueux & fins;

Et que Comus mieux que personne,

Se connoît à ce qu'il ordonne.

Je ne rappelle ici ce Fait

Que par rapport à certain trait,

Essentiel à notre Histoire,

Et qui comble MOMUS de gloire:

Vous verrez de quelle façon,

Il sçût prendre la bale au bond.

Doncques

Doncques à ce Festin, Aftrée

De fe trouver fut conjurée.

Elle s'excufa d'y venir :

Jupiter ne put retenir

Les mouvemens de fa colere,

Quand la jeune Hebé lui vint faire

Le récit mot à mot rendu,

De ce refus mal entendu :

Vain prétexte, excufe frivole :

Je jure, & je tiendrai parole,

Qu'elle pourra tout à loifir

D'un pareil tour fe repentir.

Il ordonne donc à Mercure,

Qui fe trouvoit là d'avanture,

D'aller chercher l'ami Bacchus,

Le Dieu du Parnaffe, & MOMUS,

Et

Et de les amener sur l'heure,

Secretement en sa demeure;

(Ces quatre Dieux depuis longtems,

Sont ses intimes confidens.)

Jupin promenoit sa Furie

A grands pas, dans sa Galerie,

Quand l'abord de ces Dieux charmans

Le calma, pour quelques momens.

Simplement le Fait il expose;

Mais en leur racontant la chose

Son fier courroux se rallumoit,

Et son visage s'enflâmoit:

Sentant donc émouvoir sa bile

Elle est, dit-il, trop indocile;

C'est trop enfin nous tracasser:

Songeons à nous débarrasser

De

De cette incommode Déesse,

Qui nous contrequarre sans cesse.

Les Dieux sont au-dessus des Loix,

A plus fort titre que les Rois :

Cependant nous ne pouvons faire

Soit en plaisir, soit en affaire,

La moindre chose ; que d'abord

Elle ne nous donne le tort.

Quoique le Ciel soit sa Patrie, (B)

Jadis nous l'en avons bannie

Pour son insupportable humeur :

Bientôt son extrême rigueur

Et son deffaut de complaisance,

Poussant à bout l'Humaine Engeance,

Lui firent avoir cent dégouts :

Nous la rappelâmes chez Nous

Sur

Sur sa très instante priere;

Elle promit d'être moins fiere:

Et nous la sçûmes obliger

Par un bon Acte, à mitiger

La dureté de ses Maximes;

'A ne nous faire plus des crimes

De nos petits amusemens,

Même de nos emportemens:

Que ses fausses délicatesses

Ne prendroient plus des gentillesses,

Pour des tours de maître fripon;

En un mot, à changer de ton.

L'Acte en bonne forme se passe;

Elle y souscrit de bonne grace;

Il porte, en termes bien précis,

Que son retour n'est qu'à ce prix.

Vous

Vous fçavez, qu'à peine reçûe,

Notre attente fut bien déçüe;

Renvoions-la chez les Humains.

Apollon répartit; je crains

Qu'elle ne courut, vagabonde,

Sans trouver gîte, tout le Monde.

Les Mortels infailliblement

Feront tous ce raifonnement;

Quand nous fçûmes nous en défaire

Nous fimes une bonne affaire;

Et lorfque les Dieux s'en défont,

Ils fçavent auffi ce qu'ils font :

Aftrée iroit donc fe morfondre,

Et nous n'aurions rien à répondre.

Malgré le Pouvoir Souverain,

Gardons le Decorum Divin.

Vous

Vous la trouveriez moins fâcheuse,

Si tout bas simplement grogneuse,

Mais elle fronde hautement;

Autant en emporte le vent,

Qui chasse la poudre legere.

Laissons dire, on nous laisse faire;

Ce fut le Proverbe usité

D'un Grec, dont l'Histoire a vanté

La sage & fine politique,

Et qui d'un Prince Asiatique,

Dispensoit jadis les trésors;

Comme il falloit de grands efforts

Pour le soûtien de sa dépense,

Que la Guerre rendoit immense;

Ce Grec, le Peuple rançonnoit;

Et le Peuple le chansonnoit.

Dans

Dans ce commerce réciproque

L'un tape dru, l'autre se moque

De tout le mal que l'on lui fait ;

Et plus flaté de son couplet,

Que sensible au coup qui l'accable ;

Ce Peuple en tout inimitable

N'eût rien, qu'il ne voulut donner

Pour avoir droit de chansonner.

Craindriez-vous plus le Vaudeville,

Que ne fit ce **Ministre** habile ?

De Themis au jargon pédant,

Ce ne fut jamais le talent.

Au lieu de fulminer contr'elle,

A propos d'une bagatelle,

Je pense qu'on feroit fort bien,

De ne faire semblant de rien.

Mais

Mais Jupiter, branlant la tête,

Non, non, c'est une Trouble Fête

Que je ne puis plus endurer ;

Et dont il faut nous délivrer.

Qu'en pense le Fils de Semele ?

Quelquefois de cette Immortelle

Je puis me vanter que Bacchus,

Trouble la raison par son jus.

Elle est, croiez-moi, moins sauvage

Entre la poire, & le fromage :

Elle boit déja rondement ;

Mais elle boit secretement ;

En très petite compagnie ;

Et craint sur tout qu'on ne publie

Le desordre de ses esprits,

Quand un peu trop elle en a pris.

Aussi-

Aussi-tôt qu'elle sent la touche

En diligence, elle se couche :

Malheur à qui le lendemain,

Tombe le premier sous sa main.

Tout au rebours du tendre Empire,

Le goût que ma liqueur inspire ,

Foible dans son commencement,

Prend toûjours de l'accroissement :

Les Scenes seront plus frequentes

Et les Dozes plus abondantes ;

Quelqu'accident arrivera ,

Cet accident transpirera :

Nous saisirons la conjoncture :

Fiez-vous à moi, je vous jure

Que je vous rends, en moins d'un an,

Astrée aussi souple qu'un gand.

L'expedient

L'expedient est admirable,

Dit Mercure, & fort convenable

Au pouvoir sans bornes du Dieu,

Qui nous assemble dans ce lieu !

L'unique plaisir de la vie

Est de contenter son envie,

Dût-on après s'en repentir.

Pour moi je ne puis consentir,

(Quand on n'a nul sujet de crainte)

A la plus legere contrainte ;

Ces prétendus ménagemens,

Ne font que des amusemens :

Si notre Maître me l'ordonne,

Je m'empare de sa Personne ;

Et je la conduis sans façon,

(C)

Par la vertu de ce Bâton,

Malgré

Malgré fa vaine réfiſtance,

A ſa derniere réſidence.

Son vrai Poſte dans l'Univers,

Eſt de ſe tenir aux Enfers :

Dans la ſocieté charmante

D'Eacus, Minos, Rhadamante :

Ces vieux Penards feront ſa Cour ;

Elle y jugera tout le jour ;

Et de la nuit, juſqu'à l'Aurore,

Si juger elle veut encore :

Troublant aux Champs Eliſiens,

Le repos de ſes Citoïens ;

Puis parcourant tout le Tenare,

Des infortunez du Tartare,

Les maux elle rengregera ;

Tant pis pour qui s'y trouvera

D   Pourvû

Pourvû que l'Olimpe en soit quitte . . . . .

Ces trois Avis ont leur mérite,

Dit Jupiter, mais ils sont tous

Ou trop violens, ou trop doux.

Ecoutons MOMUS ; j'imagine,

Par quelque route Calotine,

Qu'il prendra le juste milieu

Que nous cherchons en vain … Grand Dieu

Cette affaire est fort importante,

Mais nullement embarrassante :

Themis vous fait tous enrager ;

Je vous offre de m'en charger :

Et même, de lui faire faire

Une retraite volontaire.

Dans mon Palais elle viendra ;

Par goût, par choix, & s'y tiendra

Plus

Plus que vous ne voudrez , peut-être :

Vous verrez , de votre fenêtre ,

Comment je la gouvernerai ,

Et l'uſage que j'en ferai :

Son jargon rude , & difficile ,

Deviendra le plus brillant ſtile (D)

Le plus leger , le mieux choiſi ,

Dont on ſe ſoit jamais ſervi :

Mais je dois vous dire une choſe :

Dans le parti que je propoſe ,

Vous pourriez bien vous mécompter ;

Si vous croiez vous éxempter

Par le moien de cette abſence ,

En faiſant quelque extravagance ,

Du coup de patte mérité ,

Vous ne l'aurez point évité.

D 2

D'un

D'un seul point je puis vous répondre :

Lorsque sur vous nous devrons tondre,

Nous tondrons délicatement ;

(E)
Avec tout le ménagement,

Que l'on doit à vos Seigneuries ;

Dans nos fines plaisanteries

Il n'entrera grossiereté,

Invective, ni dureté :

Telle sera notre méthode.

Si ce party vous accommode

Momus tiendra ce qu'il a dit.

A l'envi chacun applaudit.

Jupiter prenant ce visage,

(F)
Dont le charme appaise l'orage,

Accepte, & touche dans la main

De l'aimable Dieu Calotin,

Lui

Lui difant, je vous remercie.

Ainfi, par une minutie,

Les refforts cachez du Deftin

Menent chaque chofe à fa fin !

Si Themis n'eût pas fait la fotte,

Jamais l'honneur de LA CALOTTE

Ne feroit au faîte monté,

Où cet accident l'a porté.

Or, en tout projets d'importance

Un grand point, c'eft la diligence.

Auffi MOMUS ne s'endort pas :

Il va trouver du même pas,

La Sincerité fon Amie,

De Themis tendrement cherie,

Et d'abord naturellement,

Lui conte fon engagement.

D 3

J'entends

J'entends, dit-elle, votre affaire ;

Mais à cela , que puis-je faire ?

Déeſſe , comblez mes ſouhaits ;

De vous , dépend tout le ſuccès.

De moi , qui n'eûs jamais d'adreſſe !

Qui ſouvent juſqu'à la ſimpleſſe ,

Pouſſe mon ingenuité :

Faites agir la Verité :

Outre qu'elle eſt ma Sœur aînée,

Elle eſt beaucoup plus rafinée ;

Elle ne peut jamais mentir :

Mais elle a l'art de s'abſtenir ,

Tant ſur ſa langue elle a d'empire ,

De tout ce qu'on ne doit point dire :

Elle met , par un heureux tour ,

Un fait vrai , dans ſon plus beau jour :

En

En un mot elle est éloquente :

Moi, je ne suis qu'une innocente ;

Le cœur sur les levres me vient ,

Et dès ce moment l'on me tient....

Votre illustre Sœur , je l'adore ;

Mais je vous aime mieux encore :

Le succès me feroit moins doux ,

Le tenant d'autre que de vous :

Votre naïveté charmante ,

Rendra Themis plus confiante :

Ah Déesse , si vous vouliez …

Mais que vois-je , vous soûriez !

De grace expliquez ce soûrire ;

Pour MOMUS ne veut-il rien dire ?

Songez que vous m'avez permis ,

De me croire de vos Amis …

D 4.

Peste

Pefte foit de mon caractere.

Ne pourrai-je jamais me taire

Quand on me preffe tant foit peu !

MOMUS vous avez fort beau jeu ;

Et la befogne eft avancée :

Themis par mes difcours preffée

Doit prendre le tems du Feftin,

Pour voir LE PALAIS CALOTIN.

De peur qu'Elle ne trouve à mordre,

Que votre Greffe foit en ordre ;

Parce qu'Elle vifitera

Soigneufement cet endroit-là,

Pour cette vifite fecrette

De Mantes elle a fait emplette ;

Et ce fera certainement ,

Mon beau premier déguifement :

Au

Au retour de notre Voyage,

Je vous en dirai davantage…

Momus sort ; les effets font voir

Sincerité, ton grand pouvoir !

Themis chez Momus descendüe,

En souveraine y fut reçüe :

Elle y retourne fréquemment;

Puis y prend un Appartement :

Bref, ce Dieu si bien la cajolle

Qu'Elle lui donne sa parole,

De quitter à jamais les Cieux

Pour ce séjour délicieux,

Qu'Elle choisit pour son azile,

Et son éternel domicile,

Où l'aimable Sincerité

Sera toûjours à son côté.

Ces

Ces trois Divinitez enfemble ,

Font un Tribunal , ce me femble ,

Dont nul autre n'approchera ,

Tant que Tribunaux on verra.

Dans ce CONSEIL , jamais d'intrigues ;

Point de Prefens , & point de brigues ;

Point de Sollicitation ,

D'humeur , ni de prévention :

Point de complaifante foibleffe ;

Jamais Directeur , ni Maîtreffe ,

Ni refpect fervile des Grands ,

N'y dicterent les Jugemens :

Le Rang , les Emplois au mérite

Sont donnez , & ce don n'excite

Qu'une noble émulation :

L'envie eft une paffion ,

En

En CALOTINOIS inconnüe :

De son mieux chacun s'évertüe ;

Mais l'emploi le plus éclatant

Ne peut exciter un instant

De velléité passagere :

La preuve en est facile à faire.

Depuis trente Lunes en ça,

Que la pâle mort terrassa,

Le fameux Généralissime ; (G)

Pour ce poste éminentissime,

A-t'on vû quelque mouvement

Dans les Sujets du Regiment ?

D'abord, avec quelque apparence,

On crut que c'étoit déference

Pour un Chef, qui mérite bien

Que l'on ne lui dispute rien.

Mais

Mais c'étoit fauſſe conjecture ;

Et la ſuite nous en aſſûre.

Si le conſommé Général

(Homme à vrai dire ſans égal)

Renonçant à la modeſtie ,

Dont ſa valeur eſt aſſortie ,

A cette place, avoit penſé ;

Pouvoit-il être traverſé ?

Mais le ſens exquis qui le guide ,
(H)
Qui ſur ſes demandes préſide ,

Préfere un fonds d'Autorité ,

(Sur ſes ſervices cimenté)

Au faux clinquant dont on ſe pique ,

D'un Titre vain , & magnifique.

Ainſi le champ demeure ouvert :
(I)
Nul Calotin ne s'eſt offert :

S'en

S'en rapportant à la prudence.

Du grave SENAT qui difpenfe

Les Biens , les Honneurs , les Emplois ,

Toûjours avec mefure , & poids.

La portion de la Juftice ,

Que l'on appele la Police ,

Métier fatiguant , délicat ,

S'éxerce avec beaucoup d'éclat.

Un Peuple , en ce point témeraire ;

S'ingere-t'il de contrefaire

Le grand Code de fes Arrêts ,

Et d'y mêler de faux Decrets ;

Pour réprimer cette licence

(Qui tire à grande confequence)

(K)
On rend Arrêt incontinent ,

Non moins fage , que fulminant.

Quand

Quand dans le Païs Litteraire,

Méprisant le discours vulguaire,

On fabrique des mots nouveaux ;

(Qui même sont d'autant plus beaux

Qu'eux seuls ont droit de les entendre.)

Le CONSEIL empressé de rendre

A chacun le los merité ;

Forme d'abord un Comité ,

Pour éxaminer la matiere.

Moins il y trouve de lumiere ,

Et plus il croit devoir d'honneur

A cette immense profondeur :

Il leur rend visite en Cortege :

Et leur donne le Privilege

De publier leur grand Traité ,

(L)
D'Inintelligibilité.

Mais

Mais les affaires générales,

Qui toûjours font les principales,

Ne prennent rien fur le détail ;

Et c'eft là le plus dur travail.

Une Troupe de gens terribles,

Pour qui devroient être invifibles

Les malheureux qu'elle pourfuit ;

Veut loger dans un noir réduit

Un CALOTIN confiderable :

A l'infortuné qu'on accable

LE CONSEIL doit tendre la main :

Non moins équitable, qu'humain

Il prend une forte balance,

Pour pefer chaque circonftance :

Avant de paffer aux Avis,

Il écoute les deux Partis :

Vers

VERS LE CALOTIN il se range;

Sçachant que les Lettres de Change

Furent faites innocemment,

Même par divertissement:

Cet endroit seul le détermine:

Il chasse la Troupe mutine;

Et ne pouvant guerir le mal,

Parce qu'il est trop radical,

Et qu'il n'est point dans la Nature

De remede pour cette cure,

Il lui donne un palliatif.

Muni de ce préservatif.

Il n'a plus de peur qu'on l'accroche;

Et, le sauf-conduit dans la poche,

Il marche toûjours fiérement,

Et se promene librement.

Quant

Quant aux criminelles Affaires,

Les Loix, sans être sanguinaires,

Y sont d'une séverité,

Qui met l'Empire en sûreté.

Il est vrai que la Récompense

Toûjours avec éclat s'avance,

Prend le galop, vient tout d'un coup;

Et que la Peine, à pas de loup,
(N)

Marche en clopinant, & n'arrive

Qu'après plus d'une récidive.

Pour dernier supplice infamant,

On fait mourir civilement.

De concevoir il est facile

Que souffrir cette Mort Civile,

C'est être, pour maint gros peché,

Du CORPS CALOTIN retranché.

E   Arrês

Arrêts rares, mais dont la forme
(O)
Et le Dictum, est uniforme.

Tout bien consideré, tout vû.

ORDONNONS *que le Prévenu*

Soit dégradé de LA CALOTTE;

Et voulons, pour plus grande note,

Que par priere, & par amis,

Il n'y puisse plus être admis;

Quelque chose que pour Nous plaire

A l'avenir, il puisse faire.

Lui reprenons notre CORDON,

GIROUETTE, & CALOTTE DE PLOMB:

Supprimons ses Profits & Gages

Sur les Broüillards des Marécages;

Et du Regiftre ôtons son nom.

Ils font tous fur ce même ton.

Plus

Plus souvent la Peine ordonnée

A certain tems, se voit bornée :

Selon les cas, selon les gens,

Il est des adoucissemens

Que le CONSEIL avec prudence,

Sans partialité, dispense.

Car il n'est Rang , Autorité

Par qui l'on puisse être éxempté ,

De se soûmettre à l'Ordonnance,

Qui sur tous étend sa puissance,

Sans aucune distinction.

Dans la fatale occasion

Que le feu Généralissime

(P)
Par orgüeil tomba dans un crime ,

Qui fut un énorme attentat,

Et pensa renverser l'Etat ;

E 2   L'Assemblée

L'Aſſemblée extraordinaire

Des ETATS, devint néceſſaire

Pour juger ce grand Criminel:

Auſſi, par Arrêt ſolemnel,

Et d'une ſageſſe infinie,

Sa témérité fut punie:

Tout bon Sujet du Regiment,

(Q)

Sçait par cœur ce beau Jugement.

Mais dans des matieres ſi vaſtes

Il faudroit copier les Faſtes...

Bornons-nous ... Il eſt certain trait

Qui ſeul nous offre le Portrait,

Le Tableau le plus magnifique,

De ce SENAT ſi juridique:

Jamais le CALOTIN CONSEIL

Ne fut en plus haut appareil,

Qu'à

Qu'à la derniere des Séances

Qu'au mois précédant les Vacances,

On tint, ce me semble, dans l'an....

Le tems est fort indifferent...

Pensez-vous qu'ici je vous dise

Quel sujet... Non. Par la surprise

Je ménage un plaisir touchant ;

Suivez-moi dans un nouveau Chant.

   NOTES

NOTES
SUR LE SECOND CHANT.

(A) *Tous accoururent hors Aſtrée*,

LA Déeſſe de la Juſtice, eſt appelée Aſtrée dans les Cieux, & Themis ſur la Terre. Les Poëtes ſe ſervent cependant indifferemment de ces deux noms. Ils ont dit que cette Déeſſe, qui pendant le Siécle d'Or habitoit parmi les Hommes, laſſée de leurs déportemens, & ne pouvant plus tolerer les excès des Siécles ſuivans, s'étoit retirée dans les Cieux.

(B) *Quoique le Ciel ſoit ſa Patrie.*

Les Poëtes ont dit encore que lors qu'Aſtrée vint demeurer ſur la Terre, elle avoit été bannie des Cieux.

(C) *Par la vertu de ce Bâton.*

Le Caducée. Les Poëtes ont dit que Mercure le Caducée

ducée en main, & par la vertu de ce Bâton miſtérieux, conduiſoit les Ames aux Enfers.

)D) *Deviendra le plus brillant ſtile.*

J'entends celui des Brevets, Arrêts, Lettres-Patentes, Sauf-conduits, &c. du Regiment, qui mérite certainement les épithetes que je lui donne.

(E) *Avec tout le ménagement.*

Ceux qui ſont à la tête de la Calotte & qui la gouvernent, ſont ennemis des invectives groſſieres & des Satyres trop mordantes. Ils n'admettent point les Brevets de cette eſpece, compoſez par des eſprits brûlez, que le Corps n'avoüe point, & ne reconnoît point pour ſes Membres.

(F) *Dont le charme appaiſe l'orage.*
Vultu quo Cœlum, tempeſtateſque ſerenat. *Virg.*

(G) *Le fameux Généraliſſime.*

Le Généraliſſime T. a fait une très grande figure dans le Regiment. Son Oraiſon Funebre eſt un des plus beaux morceaux de la Calotte : Elle a été imprimée, & ſe trouve dans les mains de beaucoup de Perſonnes, ſans quoi on la mettroit à la fin de cet Ouvrage au nombre des Preuves. On peut encore la trouver dans le

Receüil

Receüil des Pieces, imprimé en Hollande.

(H) *Qui sur ses démarches préside.*

Quoique le Titre de Généralissime soit au - dessus de celui de Général, cependant la véritable autorité, & tout le détail du Regiment a toujours roulé sur le Général Aimon Premier, & sur Mr de St Pavin son Lieutenant Général. Cela est si vrai, que le Généralissime ayant voulu donner des Ordres contre-eux, il fut solemnellement dégradé par les Etats Généraux de la Calotte : comme on verra dans la suite.

(I) *Nul Calotin ne s'est offert.*

Il court un bruit cependant, que quelques nouveaux Exploits du Lieutenant Général, ont fait penser à le pourvoir de cet Employ, sans qu'il l'ait demandé ; mais la Discipline & la Hiérarchie du Regiment n'en recevront aucune altération.

(K) *On rend Arrêt incontinent.*

Voiez cet Arrêt qui a esté imprimé à Paris dans le tems qu'il a été rendu. Pour la commodité des Lecteurs, & parce qu'il est plein du véritable esprit du Regiment, & de ses plus saines maximes, on l'a mis à la fin de cet Ouvrage.

(L)

(L) *D'Inintelligibilité.*

Voiez l'Arrêt de bannissement rendu contre certains délinquans contre la Raison, & la Langue. On le peut trouver de la même maniere que l'Oraison Funebre ci-devant citée.

(M) *Et le sauf-conduit dans la poche.*

Ce sauf-conduit étoit nécessaire, & jamais le Conseil Calotin n'accorda sa Protection dans un besoin plus pressant. Un Spectacle de Gladiateurs que le L. G. donna réellement au Public, l'avoit engagé à des dépenses considérables. Pressé par quelques Créanciers qu'il avoit fait à cette occasion, il les appaisa par des Lettres de Change, & des Billets. A l'échéance, nouvel embarras ; le Spectacle n'ayant pas réüssi : Le Conseil vint à son secours, & le sauf-conduit présenté en badinant, & comme par maniere de jeu, à un Tribunal très-respectable, ne laissa pas d'operer, & de procurer du tems & des facilitez.

(N) *Et que la Peine à pas de Loup.*
Raco antecedentem scœlestum deseruit
> Pœna pede claudo. *Horac.*

(O) *Et le Dictum est uniforme.*

Cette Formule est extraite d'un des plus anciens Arrêts de Dégradation : Elle a toûjours été suivie depuis.

(P) *Par orgüeil tomba dans un crime.*

Ce fut là, comme on l'a déja insinué, quand il s'ingera d'interdire le Général & son Lieutenant, qui furent obligez d'en porter leurs plaintes aux Etats Généraux.

(Q) *Sçait par cœur ce beau Jugement.*

Cet Arrêt est sorti de la Plume du Général, & c'est un des plus beaux morceaux de la Calotte ; mais il n'a jamais été imprimé. On ordonne à tout Calotin de l'apprendre par cœur, ainsi l'impreſſion en est inutile.

FIN DU SECOND CHANT.

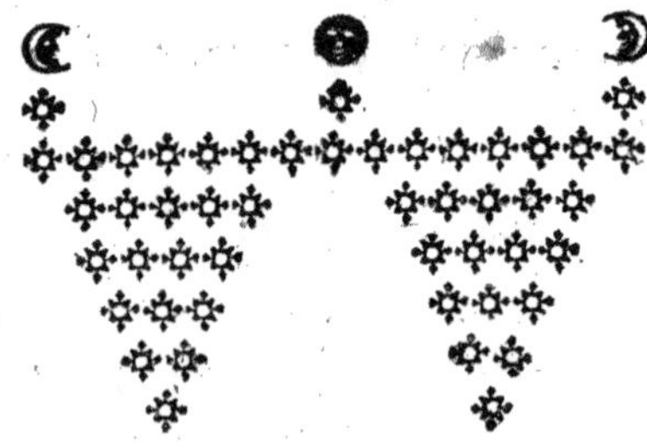

LE CONSEIL
DE MOMUS,

ET LA REVÜE
DE SON REGIMENT.

CHANT TROISIÉME.

UN jour, au PALAIS CALOTIN,
MOMUS manda dès le matin
Son CONSEIL extraordinaire;
Pour traiter de certaine affaire

Qu'il

Qu'il avoit fortement à cœur.

Sacavin son Avertiſſeur,

Qui de plus par don autentique

Tient la Buvette Marotique,

Fit ſi bien, & ſi beau, qu'il prit

Nos CONSEILLERS au ſaut du lit;

Dont nombreuſe étoit la Séance

Comme d'un Conſeil de Regence.
(A)

Chacun accourt fort empreſſé;

Non un pied nud, l'autre chauſſé;

Non pas même en robe de chambre

(Qu'on n'arbore plus qu'en Novembre)

Mais avec le Bonnet leger,

Et le voltigeant PETENLAIR,

Et la Pabouche Levantine :

Facilement on imagine,

Par

Par ce vêtement écourté,

Que nous étions lors en Eté ;

Et l'on imagine fort juste :

Or donc, notre Senat Auguste

Tout entier ainsi fagoté,

Chacun venant de son côté,

Nul ne voulant se faire attendre,

Au Palais du Dieu vient se rendre :

On voit briller le Petenlair

Rouge, blanc, bleu, gris, jaune, verd ;

Et ce qui fait que chacun pense

A se donner cette licence,

C'est que chacun dit à part soi

Il ne se trouvera que moi

Dont la rare Imaginative

Soit assez plaisante, assez vive ;

Pour

Pour me faire entrer au CONSEIL

Avec ce falot appareil :

MOMUS éxerce un doux Empire ;

Non, non, il n'en fera que rire :

Mon équipage lui plaira,

Et ce Rat me diſtinguera :

De cet habillement commode

Je pourrois amener la mode ;

Sur tout, pour un SENAT badin,

Le goût en eſt tout du plus fin.

Le Bonnet, la jaune chauſſure,

Rendront complette la parure.

De ſon invention charmé,

Notre CALOTIN ſort, armé

De ſa fretillante MAROTTE,

Sous ſon Bonnet met ſa CALOTTE,

Plongé

Plongé dans ses pensers profonds,

Ne va que par sauts, & par bonds :

Mais ce qui paroît incroiable,

(Et qui pourtant est véritable)

Il ne rencontre en son chemin,

Que Gens allant le même train !

Occupez de la seule gloire

D'être en la CALOTINE HISTOIRE

Avantageusement postez :

L'un ne voit pas à ses côtez

Son Camarade qui s'avance,

Et qui maintes fois le devance :

A l'autre sa vive action,

Ote toute réfléxion :

Aucun n'apperçoit la parure

Qui fait le nœud de l'avanture :

Chacun

Chacun se croit uniquement,

Orné du badin Vêtement.

Mais s'étant lorgnez dans la Sale,

Leur surprise fut sans égale :

On les croiroit petrifiez

Tant ils sont tous stupefiez :

A la plus vive pétulance

Succede le morne silence ;

Et tes serpens n'ont jamais fait,

Meduse, un si terrible effet.

Tout d'un coup brusques accolades,

Longs baisers, legeres gambades ;

Ah ah, Monsieur du PETENLAIR

Par ma foi vous avez bon air :....

Ah vous avez bon air vous même…

Votre politesse est extrême…

Que

Que la Pabouche vous fied bien...

Eh ce Bonnet ne lui doit rien.

Soudain on voit le Dieu paraître :

On ne l'eût pas pris pour le Maître,

Car il étoit pareillement

En PETENLAIR, fort fimplement.

D'ailleurs, & ce n'eft pas fa faute,

MOMUS n'a pas la mine haute.

Ce Dieu redouté dans les Cieux,

Qui tient en bride tous les Dieux,

A l'air doux, même débonnaire,

MOMUS eft un Dieu populaire ;

Cependant il eft très certain,

Qu'il eft au fond colere, & vain :

Les Maîtres en plaifanterie

N'entendent guéres raillerie ;

F   Et

Et rarement on peut tirer

Sur eux, sans se les attirer :

Oüi de tout, un rieur s'offense.

Aussi, trouvant de l'indécence

Dans ce trop familier habit,

MOMUS, en arrivant, rougit.

Bien-tôt revenant à lui-même ;

Certes ma foiblesse est extrême !

Ils ont tous par un joli tour,

Prétendu me faire leur cour :

Ainsi, tournant en jeu la chose,

Tes RATS étoient couleur de rose

O toi, de qui l'esprit badin

A mis le SENAT CALOTIN

Dans un si gentil équipage :

Pour te donner un témoignage

De

De notre ſatisfaction ,

Je veux doubler ta penſion ;

Tu peux augmenter ta CALOTTE ;

Mettre en ſautoir double MAROTTE ;

Et pour ſupports prendre des RATS ,

De la couleur que tu voudras.

Donc , que l'Auteur de la rencontre

Aux yeux de ſon Maître ſe montre.

Tous , diſent à la fois , c'eſt Moi.

Le bon MOMUS eſt hors de ſoi

Comprenant que cette licence ,

Eſt la commune extravagance :

Alors , à ces aimables Foux

Le Dieu parle ainſi , d'un ton doux.

Chers CALOTINS , de qui le zele

Toûjours pour Moi ſe renouvelle ;

F 2   Puiſque ,

Puisque, sans être concertez,

Vous vous êtes tous fagotez

D'une maniere si plaisante,

Si propre, & si divertissante ;

De ce falot événement,

Je tire un augure charmant.

Cette rencontre singuliere

Vient m'annoncer que ma priere,

Fléchit l'infléxible Destin :

A qui je demandois en vain,

Depuis un tems considérable,

Un ajustement convenable,

Pour nos grandes solemnitez :

Vous sçavez que les Déïtez

Reverent toutes sa Puissance,

Et lui doivent obéissance :

Destin

Destin je t'entens, il suffit :

Dans peu de jours, par un Edit

A tout jamais irrévocable,

Et qui sera non moins durable

Que les égaremens humains,

Et les traits de mes Calotins ;

J'ordonnerai la bigarrure ,

Longueur , largeur , ampleur, figure

De l'habit , chauffure , bonnet ;

Bref , le PETENLAIR tout complet :

MOMUS entend que la corvée ,

A lui feul en foit réfervée :

Dès demain j'y travaillerai ;

Les points fur les J je mettrai ;

Dans nos prochaines Affemblées ,

Ces Parures feront reglées.

F 3

Chers

Chers Affesseurs, préfentement

Il faut opiner mûrement,

Sur une magnifique affaire

Dont j'ordonne qu'on délibere;

Mais tenez Momus pour un fot

Si Momus fçait le premier mot,

De cette affaire d'importance.

Cependant fur mon ignorance

N'allez pas croire, s'il vous plaît,

Que j'y prens un foible interêt.

Du cher Saint Pavin fur l'inftance,

J'en mefure la confequence;

C'eft lui qui vous fait convoquer,

C'eft donc à lui de s'expliquer,

Dreffé fur fes pieds comme une Oye,

Saint Pavin nageant dans la joye,

D'abord

D'abord jette un coup d'œil leger

Sur le SENAT en PETENLAIR;

Puis fait sa triple révérence:

MOMUS, ensuite l'Assistance

Reçoivent son respect profond:

Du Cothurne prenant le ton,

MOMUS il est une Mortelle

Folle, d'une espece nouvelle …

Tout beau, tout beau cher Saint Pavin

C'est rêver de trop bon matin

Dès longtems la Terre est remplie

De tous les genres de Folie;

Si je cheris uniquement

Mon fantastique REGIMENT,

Plus nombreux qu'une grosse Armée,

Dont la braillarde Renommée

Va porter en tous les Climats

Non pas les Vertus , mais les R A T S :

C'est pour faire aux Races futures ,

Passer certaines Avantures

Dont les traits vifs & singuliers ,

Ont mérité les verds Lauriers ,

Que l'on ceüille dans mon Empire :

Mais enfin , tout ce qui respire ,

A respiré , respirera ;

Fut timbré , l'est, & le sera.

N'est-ce pas trop d'honneur aux Hommes

Dè n'être , que ce que nous sommes ?

Les Dieux de l'Olympe Habitans ,

De mes R A T s ne sont point éxemts :

Témoin tant de belles fredaines

Dont leurs Histoires sont si pleines.

Les

Les R A T S peuplent tout l'Univers,

Le Ciel , la Terre , les Enfers :

Les miens font d'aimer la Satire ;

De trouver toûjours de quoi rire ,

Dans tout ce qu'on dit , & qu'on fait :

Et comme on m'en donne fujet ,

M o m u s , pour fon noble partage ,

Des M a r o t t e s eût la plus fage :

S'accordant avec la Raifon ,

Elle eft hors de comparaifon ;

Et n'entre point en concurrence

Avec toute autre extravagance.

Peut-être ne fçavez-vous pas

Mon cher Lieutenant , que des R a t s

La femence fut apportée

Sur la Terre , par Promethée

Quand

Quand il vola le Feu Divin :

Ce Filou crut être bien fin

D'attraper la Celeste Flâme,

Dont il voulut orner votre Ame :

Il n'eût pas joüé si gros jeu (B)

S'il avoit sçû qu'à ce beau feu,

La subtile, & vive matiere

Qui fait la Semence Ratiere,

Est incorporée à tel point,

Qu'elle ne s'en sépare point ;

Et que d'en faire l'Analyse,

Seroit une vaine entreprise :

Le Rayon qu'il vous apporta,

Des RATS DIVINS vous empesta :

Et comme dans cette Semence,

Tous les RATS étoient en substance ;

C'est

C'eſt un erroné ſentiment

De vouloir que preſentement,

Que cette graine ſi féconde

A tant pullulé dans le monde,

On puiſſe dans l'Humain Cerveau,

Découvrir aucun R A T nouveau:

Comment donc une eſpece neuve

Peut-elle ... le fait git en preuve,

Repart Saint Pavin bruſquement:

Le plus profond raiſonnement

Contre un fait, & c'eſt ma réponſe,

Ne peze pas le quart d'une once:

Saint Pavin ſon fait prouvera

Si-tôt que M o m u s daignera

Lui donner paiſible Audiance...

Nous aurons cette complaiſance:

Mais

Mais l'œil baissé, l'air inquiet

Vous baaillez tous ! Je suis au fait.

Chers CALOTINS qu'allions-nous faire

Nous enfourner dans une affaire

Sans avoir consulté Bacchus !

MOMUS Auteur d'un tel abus !

Moi qui dis toûjours que, tout comme

Un coup de vin avise un Homme,

Il est sans aucun contredit,

Qu'aux Dieux il donne de l'esprit.

Moi qui me ris de la Tournelle,

Quand en matiere criminelle,

Croiant de beaucoup rafiner,

Elle est à jeun pour opiner

Dans les questions épineuses :

Boyaux vuides, cervelles creuses :

Pour

Pour porter un Jugement fain,

Il faut avoir le ventre plein.

La diftraction qui m'emporte,

Pour le coup étoit un peu forte !

Jugez, fi c'étoit mon deffein :

J'ordonnai hier à Sacavin

Que la Buvette fut fervie

D'un déjeûner de fantaifie ;

Que chaque mêts foit délicat

Lui dis-je, & porté plat à plat :

Qu'une copieufe Terrine

D'un goût jufte, où rien ne domine,

Soit le folide fondement :

Et pour nous dégraiffer la dent,

Ne manques pas de faire faire,

Une Marinade legere :

Mes

Mes Jamboneaux de Portugal

Rotis, font un mets fans égal :

Au Maître du petit Office,

J'ai fait dire, qu'on t'en fourniffe :

Tu fçais que déja les Perdreaux

Comme pere & mere, font gros :

Cette efpece de mortadelle,

(C)
Que Galantine l'on appelle,

MOMUS l'aime avec paffion ;

Le refte à ta difcretion :

Mais, pour narguer la Canicule

Dont l'indifcrete ardeur nous brûle,

De Grave blanc, nouveau Nectar,

J'ai cent Bouteilles à l'écart,

A droite au grand Caveau placées ;

Qu'en nos Caraffons tranfvafées,

Le

Le cachet eſt verd ; je prétens

Que nous bûvions à gele dents :

Devant traiter matiere grave

Sur ma table, prends cette Cave ;

Oh comme nous raiſonnerons,

Quand dans la tête nous aurons,

Chacun la petite razade

De ma nompareille Barbade !

Que n'inſpirent pas les vapeurs,

De cette Reine des Liqueurs !

Après… Pendant cette Harangue,

On voit mainte friande langue

Sur la levre ſeche trotter,

Et par repriſes l'humecter :

On voit les faces allongées

En mines riantes changées ;

On

On voit un feu brillant & doux,

Petiller dans les yeux de tous.

Certain CALOTIN qui se pique

D'être fort expert en Musique,

Et d'avoir un joli gozier,

S'avise alors de solfier
(D)
De la Forlane l'air folâtre :

(La gent CALOTINE idolâtre

Cette Danse, ce Chant badin.)

Chacun imitant son voisin,

Tout d'un coup la Sale resonne
(E)
Du nom fameux de la Tamponne.

AIMON prend MOMUS par la main :

Il donne l'autre à Saint Pavin :

Sur leurs pas, la grave Assistance

En désordre, mais en cadence,

Pour

Pour rendre hommage au Dieu du Vin ;

De la Porte prend le chemin :

Et trois gambades font la traite,

Du CONSEIL, jufqu'à la Buvette.

G NOTES

NOTES
SUR LE TROISIÉME CHANT.

(A) *Comme d'un Conseil de Regence.*

ON a observé que dans tous les tems les Conseils de Regence sont devenus très nombreux : La raison de Politique, en est facile à concevoir.

(B) *Il n'eut pas joüé si gros jeu.*

Le vol du Feu Divin fait par Promethée lui attira le supplice du Vautour qui lui ronge le foye, lequel foye renaît toûjours pour servir de pâture à cet Oiseau insatiable.

(C) *Que Galantine l'on appele.*

Sorte de Mortadelle dans laquelle il entre des Pistaches. Elle est d'un goût singulier, mais excellent.

(D)

(D) *De la Forlane l'air folâtre.*

Air Italien & Danse Italienne : Elle est exécutée dans l'Europe Galante à la Scene du Carnaval. On y chante des paroles Italiennes sur le même air. *Ad un cuore tutto gelozo, &c.*

(E) *Du nom fameux de la Tamponne.*

Lorsque l'Europe Galante fut remise au Théatre, on fit sur l'air de la Forlane, un Pont-Neuf *La Tamponne vend des Pommes, &c.* qui tout mauvais qu'il est, eut une vogue extraordinaire, & pendant plus de six mois on n'entendoit chanter autre chose dans les rües de Paris.

FIN DU TROISIÉME CHANT.

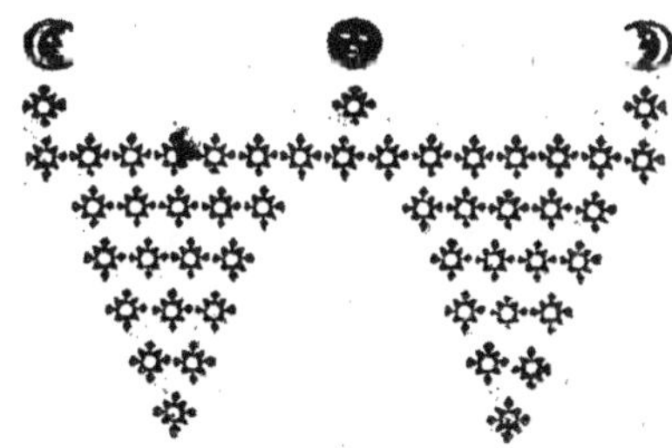

LE CONSEIL
DE MOMUS,
ET LA REVÜE
DE SON REGIMENT.

CHANT QUATRIÉME.

Q'un premier quart-d'heure de
Table,

Est un quart-d'heure respectable!

G 3

Quel

Quel silence majestueux

Tout ensemble, & volupteux…!

On ne crache, ni l'on ne mouche ;

On entendroit vôler la Mouche

Sans certain retentissement,

Excité par le mouvement

De ces differens ustenciles,

Que des Gourmans les plus habiles

Dans nos repas ont inventé,

Par besoin, ou par propreté.

Mais bientôt le moment arrive

Où, par maints assauts, le Convive

Ayant matté la grosse faim,

Commence de se mettre en train :

Soudain les paupieres baissées,

A leur niveau sont redressées :

Les

Les Sens par le Goût interdits,

Dans leurs fonctions font remis ;

Chacun recouvre la parole :

Le Serieux foudain s'envôle

Et fait place aux joyeux propos :

Brillante faillie , & bons mots ,

Font tous le plaifir de la Table ,

Et rendent une Fête aimable.

Nos CALOTINS en étoient là ,

Quand le Divin MOMUS porta

La fanté de cette Mortelle ,

Dont l'extravagance nouvelle

N'avoit point encore paru :

Saint Pavin au Monde eft venu ,
(A)
Dit-il , pour fraper nos oreilles,

Et nos yeux de rares merveilles ;

G 4   Pourtant

Pourtant la These qu'il soûtient,

En cervelle pour lui me tient :

Quel malheur ! Si, pour tout miracle,

Du grand succès de son Spectacle, (B)

C'étoit le second tome ici !...

La Table répond par un cri

D'une applaudissante allegresse ;

Et, coup sur coup, chacun s'adresse

A ce valeureux Champion,

De qui la haute ambition,

Prétend, en dépit de l'Envie,

Etablir la NÉOFOLIE. (C)

Notre Brave soûtient ce choc,

Plus inébranlable qu'un Roc,

Où l'Onde écumante se brise :

Vaine sera cette entreprise,

Dit-il,

Dit-il, on voudroit me piquer

Afin de me faire expliquer

Sur un fait de telle importance,

Dans une Bacchique féance ;

C'eft, Meſſieurs les mauvais plaiſans,

Au CONSEIL, où je vous attens :

Cependant, j'accepte l'augure ;

Et la Victoire m'eſt bien sûre ;

Le Ciel daigne me l'annoncer ;

Puiſque, même ſans y penſer,

En croïant faire un badinage

Vous venez tous de rendre hommage

Par avance, à ce RAT nouveau

L'honneur du Féminin Cerveau ;

Et que la ſanté célebrée,

Par MOMUS même eſt conſacrée.

Je

Je ne puis orner ce récit,

Des repliques que l'on lui fit :

Car bientôt les voix élevées,

Et les cervelles échauffées,

Tout parle à la fois ; ce n'est plus

Qu'un grand tintamarre confus,

MOMUS de la fine Barbade

Fait distribuer la razade ;

Et quand il se fut apperçû

Que tout le monde en avoit bû ;

C'est ici le coup de partance ,

Dit-il , déja le jour s'avance ;

Et ma pendule, & votre état ,

Nous rappelent tous au SENAT.

Pointe de vin est nécessaire ,

Pour traiter une grande affaire ;

Mais

Mais trop, est trop : gagnons, Amis,

Le Sanctuaire de Themis.

La difference est infinie

Entre l'entrée, & la sortie :

Ces mêmes Gens qui le matin,

En dansant alloient si grand train,

Que trois sauts franchirent la traite

Du CONSEIL, jusqu'à la Buvette;

S'en retournent à pas comptez.

Ainsi les quatre Facultez,

Suivent un Recteur par la Ville.

On peut, sans être fort habile,

Rendre raison tout simplement,

de ce Phénomene charmant.

Chaque CALOTIN sent sa dose;

Sentiment, qui d'abord impose

Une

Une Bacchique gravité :

Il connoît la néceſſité,

D'une démarche Magiſtrale,

Pour ne point donner de ſcandale.

Enfin dans le CONSEIL placez,

Et dans leurs fauteüils enfoncez ;

L'aimable Dieu qui les préſide,

Prenant un air demi rigide,

Ouvre la bouche à Saint Pavin.

Puiſſant Dieu, dit-il, puiſqu'enfin

Vous permettez que je m'explique ;

Sans figure de Rhétorique,

Je viendrai tout d'un coup au fait ;

En vous craionnant un Portrait.

Figurez-vous un port de Reine,

De marche noble, non hautaine :

Figurez-

Figurez-vous un embonpoint,

Précifément dans fon vrai point :

Une blancheur ébloüiffante :

Un fourire qui vous enchante :

Peignez-vous un détail de traits,

Faits l'un pour l'autre, tous parfaits ;

Et par-ci par-là des foffettes,

Qui font les demeures fecrettes

Des Ris, des Graces, & des Jeux :

Repréfentez-vous deux grands yeux

Ornez d'une longue paupiere,

Qu'on peut bien nommer meurtriere,

Puifqu'elle fait le regard fin

Qui lance le trait affaffin :

Telle eft notre FOLLE NOUVELLE.

On voit, dit MOMUS, qu'elle eft belle ;

Mais

Mais nous ne voions pas encor ,

En quoi confiste ce tréfor

De RATS d'une nouvelle efpece ,

Et c'eft ce qui nous interreffe …

Oh , je vous le montrerai bien.

Premier RAT , elle n'en fçait rien.

En vain fon miroir lui repete

Dès le matin à fa toilette ,

Comme fes glaces nuit , & jour ,

Qu'elle eft un miracle d'Amour :

Vainement fon cercle s'empreffe

De la révérer en Déeffe ;

Son miroir , elle le dément ;

L'hommage , eft un pur compliment.

C'eft , dit MOMUS , par modeftie

Qu'elle fait la contrepartie :

Pour

Pour jetter l'huile fur le feu,

Des plus adroites, c'eft le jeu :

Le Sexe ne cherche qu'à plaire :

Il en fait fon unique affaire :

Un Objet dépourvû d'appas,

Se flatte de n'en manquer pas :

Comment voulez-vous qu'une Belle,

Puiffe n'être pas sûre d'elle ?

Le cher Saint Pavin voit donc bien : . . . . .

Non, M o m u s, elle n'en fçait rien.

C'eft donc imbécilité pure …

C'eft un R a t : car fi la Nature

En lui difpenfant fes tréfors,

Avoit négligé ceux du Corps,

Et difgracie fa figure ;

Son Efprit feule avec ufure,

Tous

Tous ces deffauts répareroit;

A peine on s'en apperçevroit.

Joignant la solide Justesse,

A la fine Délicatesse,

Il ne trouve rien de trop fort :

Tout Ouvrage, est de son ressort.

Mais voici le Grain de FOLIE

Qu'avec ces beaux dons elle allie;

Voici le CALOTIN TALENT

Non moins inconnu, qu'excellent.

Quand sur un Sujet elle glose,

Elle vous le métamorphose

De maniere, qu'elle le rend

Méconnoissable en un instant :

Quelqu'un pourroit-il reconnoître

L'Abstrait, en le voiant paroître

Dans

Dans la grande simplicité:

Et le sublime débité

Sans les ornemens de l'emphase

Des grands mots, & du tour de phrase,

N'est-il pas mis pareillement,

En masque fort indécemment?

Or 'elle fait ce tripotage,

Et tout ce beau remuménage,

En badinant, sans se presser,

Sans se hausser, ni se baisser.

Dans le tems qu'on la croit distraite,

Et loin du Sujet que l'on traite,

Par un certain air nonchalant,

Si vous voulez même indolent;)

Soudain, par un trait de lumiere;

Elle jette sur la matiere

En nouveau jour; ce trait qui part

Paroîtroit un coup du hazard,

Sans la fréquente récidive;

(G)   Mais

Mais journellement il arrive,
Qu'elle vous rend, en quatre mots,
Messieurs les beaux Esprits penauts :
Et comme sur sa bonne grace,
Elle est d'une ignorance crasse ;
Elle est, croiant n'avoir rien dit,
Imbécille, avec de l'esprit.
Pour son Cœur, dont la R A T E R I E
Doit ici tenir sa partie ;
Le taxer d'être le Manoir
D'aucun R A T faux ; d'aucun R A T noir,
Ce seroit horrible injustice :
Hors un peu de blanche malice,
Son air doux tient ce qu'il promet :
Oüi, loin d'avoir le Cœur mal fait
Elle pêche par le contraire :
Car le R A T extraordinaire
Au fonds de son ame gîté,
Est un R A T pétri de bonté ;

Mais

Mais de bonté mal entendüe ;

Parmi nous du tout inconnüe ;

Et, pour vous tirer d'embarras,

Car vous ne devineriez pas,

Cette extravagante entreprise ;

Qu'une seule Femme s'avise,

Dans quels lieux encor ? dans Paris !

De vouloir changer des Maris

La Destinée inévitable !

Et qu'aiant un Epoux aimable,

Elle prétende impunément

L'aimer, & même uniquement ;

Est-il un RAT dans la CALOTTE,

Comparable à cette MAROTTE ?

Ici l'Orateur s'arrêta.

Le SENAT stupefait resta.

H

Cette

Cette surprise fut suivie,

D'une profonde rêverie :

Comme elle ne finissoit pas ;

Je voi, dit MOMUS, l'embarras

Où notre Lieutenant vous jette :

On n'ose avoüer sa défaite ;

Tout le SENAT est confondu ;

Le beau premier je suis tondu ;

Ainsi personne ne s'explique

Ou par honte, ou par politique.

Est-ce donc là notre Equité !

Que dira la Sincerité ?

Que dira Themis ? Car sans doute

Dans la Lanterne, on nous écoute.

Confessons-le donc, sans façon ;

Saint Pavin avoit bien raison

De

De nous dénoncer cette Belle,

Pour FOLLE D'ESPECE NOUVELLE.

Mais si quelqu'un pense autrement,

Il peut s'expliquer librement.

Lors Aimon; Saint Pavin d'emblée,

Entraîne toute l'Assemblée :

Notre silence approbatif,

En est un témoin décisif.

L'Homme, quelle foiblesse extrême !

Ne descend jamais en lui-même :

Et comme la source des RATS

Est de ne se connoître pas,

Elle est FOLLE; la chose est claire.

Mais, est-ce le travers vulgaire ?

S'il paroît, au premier coup d'œil,

Qu'elle heurte au commun écëuil;

H 2

Lorsque

Lorſque de plus près j'éxamine,

Comment de cette CALOTINE

Les RATS ſe trouvent compoſez ;

Ils ſont, à mon ſens, oppoſez

A tous ceux du reſte du Monde :

Et voici ſur quoi je me fonde.

Notre Amour Propre a le ſecret

De réduire, ou groſſir l'objet ;

Mais toûjours à notre avantage :

Chacun croit voir dans ſon partage

Les dons, les talens les plus beaux,

Et point, ou de petis deffauts.

La peinture qu'on vient de faire,

Nous montre ici tout le contraire.

Je conclus donc que ce Portrait,

Eſt un véritable BREVET :

Qui

Qui nous presente un Caractere

Tout neuf, tout extraordinaire.

Mais quels honneurs lui décerner ?

Quel rang parmi nous lui donner ?

Ce point, est hors de notre sphere ;

Et l'importance de l'affaire,

A MOMUS la doit réserver ...

Amis, vous m'y voiez rêver

Reprit LE DIEU DE LA MAROTTE,

Et ma Tête, qu'en vain je frotte,

Ne fournit point d'honneurs nouveaux,

Qui soient dignes de RATS si beaux:

Oüi notre Cervelle Divine

Travaille en vain... Ah j'imagine

Qu'il faut créer en sa faveur ...

Non... Ce seroit un foible honneur

 Pour-

Pour extravagance si rare

J'y suis… Que chacun se prépare :

Je prétens, par détachement, (E)

Faire Montre du REGIMENT

Dès ce soir… Toutes les Revües

Que jusques ici l'on a vües,

Se font de jour ; mais quant à Nous

Qui sommes les Maîtres des FOUX,

Pourquoi suivre cette Methode ?

Si la nuit paroît incommode,

(Parce qu'en leur tête les RATS,

Ne portent point des yeux de Chats ;) (F)

Sans même emprunter de la Lune

La clarté foible, & trop commune ;

J'ai dans l'Imagination

Nouvelle Illumination,

Faite

Faite de certaine matiere,

Qui darde une vive lumiere ;

Et de qui l'éclat sans pareil,

Fera honte au plus beau Soleil.

La Nuit redoublera ses ombres :

Mais plus ses voiles seront sombres,

Et plus mes Lampions Vivans,

Sur ce fonds noir, seront brillans.

Je prévoi que vous m'allez dire,

Que vous ne pourrez pas suffire,

A rassembler si promptement

Les divers Corps du REGIMENT,

Et qu'une telle diligence

Surpasse l'Humaine puissance :

Comptez sur mon secours Divin :

Chacun trouvera sous sa main,

<table>
<tr><td>H 4</td><td>L'Elite</td></tr>
</table>

L'Elite de ses Camarades ;

Et comme toutes les BRIGADES,

Par mon choix , ont part à l'honneur

De fournir quelque SENATEUR ;

A mes ordres accoûtumées ,

Elles seront bientôt formées ;

Et se rangeront en Croissant ,

A la façon de l'Ottoman.

C'est l'ordre que j'entens qu'on garde.

GENERAL , ce soin vous regarde :

Campez-vous au grand Boulingrin :

Ne comptez pas sur Saint Pavin ;

Il faut pour raison belle , & bonne ,

Qu'il reste auprès de ma Personne.

Et quant au superbe Drapeau

Qui doit être , tant il est beau ,

L'ORIFLAME

Drapeau du regiment de la Calotte
Inventé par le General

(G)
L'Oriflame de mon Empire ;

Plus je le voi , plus j'en admire

L'Ordonnance , & l'invention :

Quelle plus belle occasion ,

D'étaler sa magnificence !

Que dans une égale distance

Des deux Cornes , il soit planté :

Et , pour mieux paroître , posté

De gazon sur une éminence :

Il faut encor , pour la décence ,

D'une Garde l'environner :

Enfin prenez soin d'ordonner
(H)
Par tout ; Nacaires , Atabales ,

Fifres , Clairons , Tambours , Timbales ;

Trompettes , Violons , Hautbois ;

Qui tantôt joüant à la fois ,

Feront

Feront entendre une Mufique

Martiale, & très magnifique ;

Tantôt par Echos fonneront ;

Et lors, mes Vents leur répondront.

CALOTINS, c'eft à votre Tête

Que MOMUS fe fait une fête

De recevoir le grand Sujet,

Qui de ce CONSEIL eft l'Objet :

Pour faire honneur à cette Belle,

Vous défilerez devant Elle :

Après quoi je dois déclarer

Le Rang, dont je veux l'honorer.

Partez donc tous en diligence …

A ces mots, rompant la Séance,

Il fort. Saint Pavin feul le fuit,

Et tout le SENAT à grand bruit,

Dans.

Dans l'escalier se précipite.

Plus d'un, voulant aller trop vîte,

Dégringole jusques en bas;

Se blesse, mais ne le sent pas;

Tant il est transporté de zele,

Pour la CALOTINE NOUVELLE.

Tandis, rempli de son dessein,

Et suivi du seul Saint Pavin,

MOMUS gagnant d'un pas agile

Le faîte de son domicile,

A son Carillon arriva,

Mais, que fit-il quand il fut là?

Souffrez, avant de vous le dire,

Que ma MUSE un instant respire.

NOTES

NOTES
SUR LE QUATRIÉME CHANT.

(A) *Dit-il, pour fraper vos oreilles.*

PAR la dénonciation d'une Folle de nouvelle espece.

(B) *Du grand succès de son Spectacle.*
Allusion ironique de Momus au Spectacle de Gladiateurs, dont on a déja parlé.

(C) *Etablir la Néofolie.*
Comme on a dit ironiquement Néologie & Néolo-
gique, pour désigner les mots nouveaux ; de même j'appelle *Néofolie*, la nouvelle espece de *Rats* dont Momus, & son Conseil, ne sont pas encore bien convain-
cus. Pour faire un mot entierement tiré du Grec , il
faudroit *Néomorie* ; mais le mot λογὸς qui signifie Parole ,

role , & dont on a fait en finale, *logie* , qu'on ajoûte à tant de mots, comme Analogie, Apologie, &c. eſt connu, & *Morie* ne le ſeroit pas ; quoiqu'Eraſme ait appellé ſon Eloge de la Folie *Encomium Moriæ* : d'ailleurs le mot eſt plus doux. C'eſt ici une ironie , & je n'ai garde de prétendre introduire ce mot nouveau.

(D) *Suivent un Recteur par la Ville.*

Un Laquais le portoit, marchant à pas comptez
Comme un Recteur ſuivi des Quatre Facultez.

Boil. Sat.

(E) *Je pretends ; par détachement.*

La revüe du Regiment ne ſe peut faire que par détachement, ſans quoi elle ne pourroit point avoir de Spectateurs. C'eſt la raiſon pour laquelle il n'en avoit point encore été fait : Et on peut remarquer ici, qu'elle n'a d'autres Spectateurs que la CALOTINE, qui va même être reçûe dans le REGIMENT.

(F) *Ne portent point des yeux de Chats.*
Les Chats voïent plus clair la nuit , que le jour.

(G)

(G) L'Oriflâme de mon Empire.

Du Cange prétend qu'on a appellé autrefois Oriflâme, ou Auriflame, le principal Etendart d'une Armée. Galant a fait un Traité de l'Oriflâme. Entre plusieurs Etymologies qu'on a données à ce mot, celle-ci est la plus goutée parmi les Sçavans: c'est de le dériver du mot Celtique & Tudesque. *Flan*, *Fan*, ou *Van*, qui signifie un Etendart, une Banniere; dont l'on a fait *Flanon*, ou *Fanon*, qui signifie la même chose. La premiere partie *Ori* ou *Auri*, vient du mot Latin *Aurum*, Or; à cause du Bâton doré auquel ces Bannieres ou Etendarts étoient attachez; ou bien des flâmes d'or dont on prétend qu'ils étoient parsemez.

Guillaume Guiçert dans son Roman des Royaux-Lignages, décrit ainsi l'Oriflâme :

> *Oriflâme est une Banniere,*
> *Aucun poi plus forte que guimple,*
> *De cendal ronjoyant & simple,*
> *Sans pourtraiture d'autre affaire.*

Nous avons affecté particulierement le mot d'Oriflâme à la Banniere de l'Abbaye de S. Denys, qui d'abord ne servoit que pour l'Abbaye. Elle étoit mise entre les mains du Comte du Vexin en qualité de Premier Vassal de cette Abbaye. C'étoit une espece de *Labarum*, ou de *Gonfanon*, comme en avoient toutes les

autres

autres Eglises, qui étoit fait de soye couleur de feu, qu'on nommoit Cendal, ou S. Vermeil.

Cette Banniere devint Etendart de la Couronne : on ne trouve point que nos Rois s'en soient servis avant Loüis VI. qui devint maître du Comté du Vexin. Le Roy la portoit quelquefois lui-même à son col, sans la déploier. Quelques-uns disent qu'elle fut faite sous Clovis, les autres sous Dagobert, les autres sous Charlemagne : quelques autres encore la font descendre du Ciel, comme Froissart & Gaguin. On tient qu'elle disparut à la Bataille de Rosbec, que le Roy Charles VI. gagna sur les Flâmans en l'an 1382. car l'Histoire n'en fait plus depuis aucune mention : Cette Banniere differoit de la Banniere de France. Elle étoit, comme on a dit, de Cendal. Elle avoit trois Queues ou Fanons. Elle étoit parsemée de flâmes d'or, entourée de houpes de soye verte, & soûtenüe d'un Bâton doré, ou Lance dorée. La Banniere de France étoit toute quarrée, sans aucunes découpures par le bas ; de velours violet, ou bleu céleste, à deux endroits, & semée de fleurs-de-lys d'or, plus plein que vuide.

(H) *Par tout Nacaires, Atabales.*

Atabale est une espece de Tambour dont se servoient les Maures, *Atabalus.* Quand on fait des Entrées de
Ballet

Ballet composées de Maures, on leur met en main des Atabales, & des Nacaires, qui sont aussi une espece de Tymbale, ou Tambour de Cavalier appelé *Nacara* dans la basse Latinité. Ces deux Instrumens sont souvent citez dans les anciens Romans.

FIN DU QUATRIÉME CHANT.

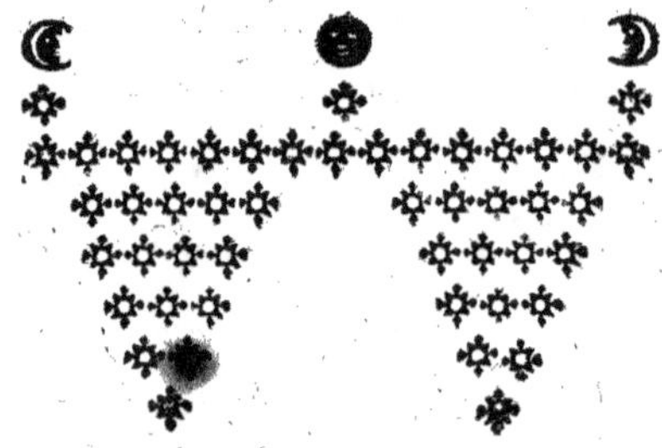

LE CONSEIL
DE MOMUS,
ET LA REVÜE
DE SON REGIMENT.

CHANT CINQUIÉME.

L eſt des Maiſons plus de mille,
Dans le ſein de la Bonne Ville, (A)

Où l'on ne peut abſolument

Faire à l'abord ſon compliment ;
(A) Paris.

I

Par

Par la raison que pour s'entendre,

Il faut patiemment attendre,

Qu'un Gros de Toutous, favoris

De la Maîtresse du Logis,

Et que tout survenant allarme,

Appaisant son aigu vacarme,

Coure enfin se réfugier

Dans la Niche, ou dans le Panier.

MOMUS, sur sa terrasse, endure

A peu près, pareille avanture :

Surpris, & charmez de le voir ,

Pour s'acquitter de leur devoir

Par le plus éclatant hommage,

Ses Vents firent un tel tapage ,

Que Jupin n'eût pû parvenir

En tonnant, à se faire oüir.

Mais

Mais au lieu que la Gent Canine

Dans son clabaudage s'obstine ;

Que les menaces, ou les coups,

Corrigent seuls ces sots Toutous ;

Les Vents obéïrent sans peine :

Retenant tout court leur haleine,

Au premier signe de la main

Que leur fit LE DIEU CALOTIN.

Même les Cloches, & Clochettes,

Et les Grelots, & les Sonnettes,

(Encor que leur bourdonnement,

Après un vif brimballement,

Pendant un long espace dure ;)

Pour le coup forcerent Nature

Et s'arrêterent sonica.

Quant à moi, je conclus de-là

I 2

Que

Que les choses inanimées

Sont plus aisément réprimées
(B)
Que l'Automate, dont on dit

Hardiment, qu'il a de l'esprit.

Quoiqu'il en soit de cette affaire

(Qui d'aucun côté n'est bien claire)

MOMUS de ses Vents satisfait

Leur parle ainsi. J'ai tout sujet

De me louer de votre zele :

Mais par une preuve nouvelle

Il faut encor me l'attester.

Par vous je veux éxécuter

Le projet le plus admirable,

Le plus badin, le plus aimable,

Que l'on ait encore conçu.

Voici le fait : j'ai résolu

De

De mon REGIMENT la REVüE.

Et pour raiſon à moi connüe,

Je la dois faire cette nuit.

Or, comme la Terre produit

Certaine eſpece de Vermine,

Dont le petit corps illumine

Pendant l'abſence du Soleil,

Avec un éclat nompareil,

Les lieux ornez de ſa préſence ;

Et qu'il en eſt grande abondance :

De ces Vers, j'entens me ſervir.

C'eſt par eux que je veux ravir

L'œil étonné, par un ſpectacle

Qui fera crier au miracle.

Vents, c'eſt de vous que j'ai fait choix

Pour m'aider ; partez à la fois.

I 3   Et

Et vous difperfant par le Monde ,

De toute la Machine Ronde ,

Enlevez tous les Vers Luifans :

Vous pourrez , en très peu d'inftans ,

Les porter à cette demeure;

Et vous les rangerez fur l'heure ,

Dans l'ordre que je vais tracer :

Pour ne vous point embarraffer

Suivez celui que vous préfente

La difpofition charmante

Qu'on admire dans mes Jardins :

Au jugement des CALOTINS

Du meilleur goût ; elle eft fi belle

Qu'ils la trouvent toûjours nouvelle.

Que tous les endroits foient couverts

D'affez grand nombre de ces Vers

Pour

Pour en deſſiner la figure :

De mon P A L A I S l'Architecture

Se peut marquer facilement :

Pour cela ; ſemez ſimplement

Et des côtez , & des façades ,

Les Pilaſtres , les Baluſtrades ,

Et tous les autres Ornemens ,

Près à près , de ces Vers charmans.

Que le fonds des Toîts reſte ſombre :

Mais auſſi , que les R A T S ſans nombre ,

Dont ils ſont ſi bien décorez ,

Au lieu de paroître dorez ,

Chargez de brillante Vermine ,

Qui leur Corps entier illumine ,

Semblent à l'œil , des R A T S D E F E U.

M O M U S , dira-t'on , joüe un jeu

I 4

A

A mettre son P A L A I S en cendre.

C'est à votre zele à me rendre

Chers Vents, ce service important ;

Et sans doute tout autre Agent,

Qui seroit chargé d'un tel Ordre,

Auroit bien du fil à retordre,

Et n'en viendroit jamais à bout ;

Mais votre activité peut tout.

Partez, que rien ne vous retarde :

Que le seul Aquilon de Garde,

Et qui pour mon char est de jour,

Reste à mes côtez ; au retour

D'un petit voyage d'une heure,

De deux au plus, cette demeure

Brillante de ces Feux nouveaux ,

Etonnera les moins badauts.

Ainsi

Ainſi Momus parloit encore ;

Et du Couchant, juſqu'à l'Aurore,

Ses Vents s'étant déja rendus,

Par tout l'Univers répandus,

Livroient une guerre cruelle

A cette Vermine ſi belle,

L'enlevant ſans aucun quartier.

Laiſſons-les faire leur métier ;

Et ſuivons chez la Calotine

Momus, qui dans ſon chef rumine

Un vrai tour de Maître - Gonin ;

Sur lequel il s'ouvre en chemin,

A ſon compagnon de voyage.

Saint Pavin avoit l'avantage

D'être de la Belle connu ;

Et d'être chez elle reçû

De

De façon d'autant plus polie,

Qn'il y va sans cérémonie ;

Voyant toute sa Parenté,

Et certaine Societé

Où volontiers elle s'adonne,

MOMUS n'eût pû trouver personne

Qui pour seconder son projet,

Eut sçû le mettre mieux au fait.

Comme une traite si petite

En Char volant se fait bien vîte,

MOMUS n'auroit pas eû le tems,

De prendre ses arrangemens ;

Mais, pour cimenter son affaire,

Ayant un petit tour à faire

Chez le Dieu verseur de Pavôts ;

Ce tour lui vint fort à propos.

Dressée

Dreſſée entre eux fut la Machine ;

Puis chez Morphée on s'achemine :

Ils le trouverent, débouchant

La porte de Dent d'Elephant. (C)

Dès que ces Dieux ſe rencontrerent,

Des deux côtez, ils arrêterent

L'un ſes R A T S, l'autre ſes Hiboux. (D)

Que deſire M o m u s de nous ?

J'ai beſoin de votre aſſiſtance

Cette nuit, pour fait d'importance ;

Fait, qu'en détail il expliqua :

Le Dieu Nonchalant répliqua ;

Oui, oüi, votre brillant Phoſphore,

Juſques au lever de l'Aurore

Tranquillement ſommeillera,

Et pas un ſeul ne branlera.

Du

Du spectacle extraordinaire
Je serai témoin oculaire;
Si-tôt que les Amans jaloux,
Les Belles-Meres, les Epoux,
Et que tout autre Trouble-Fête,
Auront mes vapeurs dans la tête:
Je pars, pour les aller bercer.
Moi, qui veux dignement placer
Cette CALOTINE charmante,
Pour qui si fort je me tourmente;
Je vais la chercher, de ce pas,
Dit le SOUVERAIN DIEU DES RATS.
Aussi-tôt les deux Chars partirent,
Nos Gens en planant descendirent,
Droit à la Porte Saint Denis:
Mais, avant d'entrer dans Paris,

La

La Metamorphose fut faite

Qui rendit la piece complette.

Tout change : hors le Lieutenant,

Qui reste tel qu'auparavant :

Le C A L O T I N prend l'encolure,

La voix, le geste, la figure,

D'un des Matadors du Marais

(Qui souvent régale à grands frais)

Seigneur d'un lieu , dit Saint Hilaire.

Quatre R A T S à taille legere,

Devinrent deux puissans Chevaux

Bien nourris, & tout des plus beaux ;

Le Char devient une Berline :

Trois Singes , à grotesque mine,

Soudain sont changez en Laquais

De la haute taille , & bienfaits :

Le

Le quart de Cocher fait l'office,

Et ne s'y prend pas en Novice;

(Car si les Singes font malins

Auſſi ſont-ils adroits, & fins.)

Bientôt cette trompeuſe eſcorte,

En gambadant, frape à la porte.
(E)
La Pierre vîte d'accourir ;

Et, les reconnoiſſant, d'ouvrir

En hâte au Seigneur Saint Hilaire.

Avec deux flambeaux on éclaire;

On les annonce incontinent ;

Quoi c'eſt vous, & le Lieutenant ?

Dit la Belle, j'en ſuis ravie :

Envoyez donc prendre Silvie ;

Car vous ſouperez avec nous :

Sans doute ; mais non pas chez vous.

Qu'eſt-ce

Qu'eſt-ce que cela ſignifie ?

Quoi, vous ignorez la partie ?

Non, mais le jour n'en eſt pas pris...

A mon tour je reſte ſurpris ;

Ayant eû ſoin de l'en inſtruire ,

Votre époux a dû vous le dire ...

Il l'a donc oublié tout net ;

Les affaires rendent diſtrait.

Vous a-t'il promis de s'y rendre ?...

Sans contredit ; mais de l'attendre

Madame nous diſpenſera ,

Quand certaine heure arrivera :

Il n'eſt point d'homme ſur la Terre...

Ah c'eſt trop lui faire la guerre ;

Vos rancunes n'ont point de fin.

A propos , Seigneur Saint Pavin,

Vous

Vous travaillez fort à votre aife ;
(F)
Et mon BREVET, ne vous déplaife,

Quand viendra-t'il ?... Il eft tout fait ;

Revû , corrigé, mis au net,

Et même dès ce foir peut-être,

Vous pourriez bien le voir paraître.

Bon... A parler de bonne foi

Soit en bien, foit en mal, fur moi

Il eft fi peu de chofe à dire

Qu'encor qu'Apollon vous infpire

Je crains... Madame on nous attend ;

Et l'on fermeroit le Convent

Où nous devons prendre Silvie ;

Songez, qu'en enrageant fa vie ,

Elle compte tous les inftans...

Vous êtes de terribles gens

Souffrez

Souffrez que dans ma Garde-Robe

Je paſſe pour prendre une Robe.

Songez-vous, reprit Saint Pavin,

Madame, qu'il fait un tems vain

Dont la chaleur eſt étouffante ;

Avec la parure galante

De ce beau PETENLAIR Perſan,

Et le Jupon aſſortiſſant,

Vous ſerez plus à la legere,

Hé bien il faut vous ſatisfaire

Phœbus, tu ſors moins radieux ;

Et MOMUS, en baiſſant les yeux,

Cache ſon trouble & ſa ſurpriſe :

Le prompt départ le favoriſe,

Car la belle deſcend d'abord :

Elle s'embarque ſans effort :

K   Mais

Mais au premier détour de rüe,

Le Char se guinde dans la nüe.

Quoiqu'en tous les enlevemens

Que nous lisons dans les Romans

La sincope soit nécessaire ;

Parce que l'on ne sçait que faire

De la Dame, dans ces instans

Qui sont si fort embarrassans :

L'Historien, jamais ne songe

A se sauver par un mensonge :

Cet objet si pourvû d'appas

Doncques, ne s'évanoüit pas.

Car encor que la CALOTINE

D'ordinaire ait peur en Berline,

Et qu'un si subit changement

Dût la troubler étrangement ;

Sans

Sans marquer la moindre foiblesse

Courageusement elle adresse

Au Lieutenant, non à MOMUS

Ce discours, tant soit peu diffus.

Quoique sans peine je devine

La DIVINITÉ CALOTINE

Sous ce déguisement fatal ;

C'est à vous seul que j'en veux mal.

Si la demande que j'ai faite
(H)
D'un BREVET, paroît indiscrete,

Le tour est par trop insultant :

Ciel ! faut-il que se démentant,

Ce Dieu si doux par moi commence,

De faire au Sexe violence !

Ah ! c'est vous qui le subornez

Vous, Saint Pavin, qui lui donnez

Ce

Ce trait, pour une gentilleſſe.

Il ne faut pas beaucoup d'adreſſe

Quand on a le ſçavoir Divin,

Et qu'on peut, en un tour de main,

Prendre des formes differentes,

Pour ſéduire des innocentes :

(I)
MOMUS qui daube ſur Jupin,

Prétend-il donc prendre ſon train ?

S'il vouloit me rendre viſite

Pour connoître ſi je mérite

D'être aggregée au REGIMENT ;

Ne pouvoit-il pas aiſément

Sous la forme de Saint Hilaire

Qu'il a priſe, ſe ſatisfaire :

Même, pour ſe mieux contenter,

A ſouper avec nous reſter.

Dans

Dans mon naturel il m'eût vûe,

Et par là m'auroit mieux connüe :

Le tour auroit été joli ;

En l'apprenant j'en aurois ri ;

Une vifite fi galante

M'en auroit fait defirer trente.

J'aurois avec empreffement. . ..

Mais Dieux d'un tel enlevement

Quel peut être l'affreux miftere !

Expliquez-vous, que prétend faire ?

Tous deux tombant à fes genoux.

Madame, calmez ce courroux

Dit MOMUS ; ce qui vous anime

N'a que l'apparence du crime ,

Il est au fond très innocent ;

Car j'avois un befoin preffant

K 3

De

De vous offrir l'hommage rare

Que mon eſtime vous prépare ;

Et ſi vous daignez m'écouter,

Vous ne pourrez pas en douter.

La Belle , pleine de prudence,

N'ignoroit pas cette Sentence ,

Que lorſqu'on eſt ès mains des Foux

Il faut bien ſouvent filer doux ;

Sur tout lorſque la violence ,

Entre dans leur extravagance.

Elle prend donc un air ſerain ;

Et ſe faiſant preſſer , enfin

Conſent de donner audience.

Pour étaler ſon éloquence

MOMUS réduit au petit pas

Le train des SINGES, & des RATS.

L'Aquilon

L'Aquilon, au haut de la nüe

Tient la voiture suspendüe,

Presque sans aucun mouvement :

Et MOMUS naturellement

Raconte au long toute l'histoire :

Si vous refusez de m'en croire

Je puis bientôt vous le prouver,

Dit-il, nous allons arriver

A mes Jardins, où l'on prépare ....

Il faudroit être bien bizarre,

Reprit-elle, pour s'en fâcher ;

Et même pourquoi m'en cacher ?

Je suis d'humeur fort curieuse ;

Et je m'estime trop heureuse

De voir à mon avenement,

En Corps, un si beau REGIMENT

K 4

Mais

Mais cette montre terminée,

Je prétens être ramenée,

Et je veux arriver, sans bruit,

Même avant la fin de la nuit;

Précisément dans l'Equipage,

Où j'ai commencé le voyage.

Le Dieu lui répondit soudain

C'est mon devoir, & mon dessein.

La Belle ainsi fut rassûrée;

Et sans faire la Mijaurée,

Elle convint qu'un tel honneur,

Chatoüilloit fort son petit cœur.

NOTES

NOTES
SUR LE CINQUIÉME CHANT.

(B) *Que l'Automate dont on dit.*

AUTOMATE ; Machine qui se remüe par elle-même, qui a en soi le principe de son mouvement, comme une Montre, une Horloge à contrepoids, ou autres Machines qui se meuvent par ressort. Ce mot est purement grec ; & ce terme est principalement consacré pour désigner les Bêtes, que les Cartesiens prétendent être de pures Machines, ou pour parler plus juste, de purs Automates. Il s'en faut de beaucoup que cette opinion ne soit nouvelle. C'est dans ce dernier sens qu'on parle ici de l'Automate.

(C) *La Porte de Dent d'Elephant.*

Les Poëtes ont dit que les Songes agréables sortoient

par

par une Porte d'yvoire ; & les Songes funeftes par une Porte de corne.

(D) *L'un fes Rats , l'autre fes Hiboux.*

Chaque Divinité doit avoir une allure en partage de la façon des Poëtes , à l'exception de Mercure qui s'en plaint fi agréablement dans le Prologue d'Amphitrion. Cette Voiture doit être un Char tiré par des Animaux convenables à la Divinité. J'ai déja donné à Momus des Singes , & des Rats: les Hiboux que je donne ici au Dieu du Sommeil ne font pas moins dans l'ordre de la Fable.

(E) *La Pierre vîte d'accourir.*
Le Portier de la Maifon.

(F) *Et mon Brevet , ne vous déplaife.*
Un Brevet demandé, en badinant , a été l'occafion du Poëme.

(G) *Vous ferez plus à la legere.*
Comme il s'agiffoit d'aller fouper chez un Ami de la Maifon , la propofition étoit faifable. Ainfi nos Calotins trouverent moyen fans découvrir leur artifice ni éventer leur deffein , d'engager la Belle à fe mettre en habit décent pour fa reception.

(H)

(H) *D'un Brevet , paroît indiscrete.*

La Remarque ci-devant faite du Brevet demandé , est une Anecdote nécessaire pour l'intelligence du discours que la Calotine tient ici à Momus.

(I) *Momus qui daube sur Jupin.*

Jupiter dans les divers Personnages que lui faisoient faire ses amours , craignoit presqu'autant les mercuriales & les railleries de Momus , que la jalousie de Junon.

FIN DU CINQUIÈME CHANT.

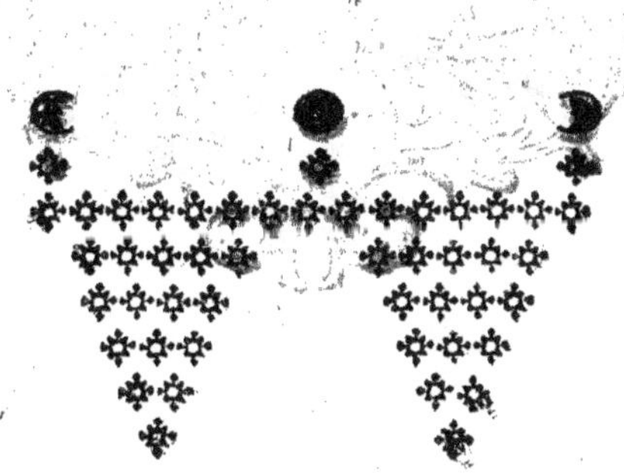

LE CONSEIL DE MOMUS,

ET LA REVÜE

DE SON REGIMENT.

CHANT SIXIÉME.

N ne trouve dit le Vulguaire
Que la premiere pinte, chere ;
Un premier pas qui met en train,
Vaut seul la moitié du chemin :

Ce

Ce sont phrases sententieuses,

Par leur vérité prétieuses,

Vieux Proverbes remplis de sens;

Et de qui maints honnêtes gens

Fournissent la preuve très ample.

J'en trouve encore un bel éxemple

Dans le transport vif & pressant,

Que notre HEROÏNE ressent.

En vain le Char se précipite;

Il ne vôle pas assez vîte;

Et découvre trop lentement

Le PALAIS, & le REGIMENT

Dont ils furent bien-tôt en vüe.

Quoiqu'elle se fut attendüe

Au spectacle le plus charmant,

Dire que le ravissement

Tout

Tout d'un coup la rend immobile

L'expreſſion ſeroit débile :

L'effet de ce premier coup d'œil,

Eſt de notre Muſe l'éc
eüil ;

Et de cette ſurpriſe extrême

Je penſe qu'Apollon lui-même,

(Qui fait ſi bien tout ce qu'il fait)

Traceroit un foible portrait ;

Puiſqu'exprimer l'inexprimable,

Eſt une choſe impraticable.

Car repréſentez-vous un peu

Mille routes d'Arbres de feu ;

Des Plantes de même nature ;

La Flâme prenant la figure

Des compartimens , des rinçeaux ;

Des galands Parterres nouveaux ;

Une

Une Architecture brûlante;
Dont l'activité dévorante
Ronge toûjours sans consumer;
Un Toît qui semble s'allumer
De toutes parts, & toûjours dure
Et sans fistule, & sans fracture:
Seroit-ce par enchantement,
Qu'il résiste à l'embrazement?
Et quand ensuite j'éxamine
Que tout cela n'est que Vermine;
MOMUS, que grand est son sçavoir!
La Nature croiant devoir
T'initier dans ses misteres,
T'a dit qu'elle fait ses affaires
Avec une simplicité,
Qui rehausse la dignité

De

De ſes plus excellens Ouvrages;

Que ſes ſuperbes étalages

Dans le fonds lui coutent très peu,

Et qu'avec art cachant ſon jeu,

Ce n'eſt rien moins qu'à ſa dépenſe

Qu'elle doit ſa magnificence.

Mais revenons au Regiment;

Dont par exprès commandement

La Bataille en croiſſant rangée

Par art CALOTIN dirigée.

Offroit un coup d'œil merveilleux,

Et même très avantageux.

MOMUS, qui n'eſt en rien novice,

Sçavoit que par cet artifice

L'œil avide meſureroit

Tout l'objet qu'il apperçevroit,

L

Bien

Bien mieux que si l'Armée entiere,

S'étendoit en front de bandiere.

Si cet ensemble est raviffant,

Le détail en est amufant.

Par les differentes Armures,

Et par les bizarres Parures

Des Chefs, du commun des Guerriers,

Tant Fantaffins, que Cavaliers,

A Calotines foubreveftes :

Onc ne furent Troupes fi leftes ;

Pour la bonté, c'eft autre point;

Car la valeur ne fe voit point

Dans une galante Revüe :

Tel dont l'ame feroit émüe

S'il avoit l'Ennemi devant,

Eft alors le plus piaffant.

Par

Par ce difcours n'allez pas croire

Que je veüille ombrager la gloire,

D'un feul Sujet du REGIMENT.

Tous font doüez fuffifamment

De la bravoure néceffaire,

Pour le métier qu'ils ont à faire :

Mais de quelques-uns les talens,

(A dire vrai plus excellens)

Se connoiffent par leurs proüeffes.

Car enfin il eft deux efpeces

De CALOTINS, qu'il eft befoin

De diftinguer avec grand foin.

Par l'affidüe extravagance,

Et pleniere impertinence ,

Les premiers ont été nommez

Par MOMUS, CALOTINS POMMEZ.

L 2

Or

Or la Milice de l'Armée

Est de cette espece formée ;

Gens nez pour toûjours obéïr ;

Et qui ne peuvent parvenir

Au foible honneur du moindre grade,

Pas même au poste d'Anspessade ;

Préférant d'être les Grivois ,

Du Regiment , au sort des Rois.

L'autre espece moins étendüe

(Quoiqu'en tous climats répandüe)

Comprend sans réserve les gens,

Possesseurs de tous les talens.

Dans aucun genre l'on n'excelle

Si l'on n'a pas dans la cervelle

A tout le moins un petit grain,

Du pur principe Calotin.

Quand

Quand cette cervelle s'évente,

Par une imperceptible fente,

Le grain profite, & se grossit;

Et lors on a beaucoup d'esprit.

La chose est toute naturelle,

(Aussi n'est-elle point nouvelle:)

Si MOMUS anciennement

Avoit fait de son REGIMENT

Phalange Macedonienne,

Ou depuis Legion Romaine;

Les Alexandres, les Cesars,

Auroient suivi ses Etendarts:

Et, si vous ne voulez m'en croire,

Parcourez un peu leur Histoire;

Combien y trouve-t'on de traits,

Impaiables pour des BREVETS?

Si

Si l'Antiquité tant vantée,

Ne fut pas enregimentée ;

C'eſt que MOMUS avoit fait choix

Du Séjour des gentils François,

Pour y fixer ſa réſidence.

Ce ſuprême honneur de la France

A nos jours étoit réſervé ;

Car MOMUS ayant obſervé

En lorgnant les RATS de nos Peres,

Et des Nations Etrangeres,

Qu'enſemble ils n'approcheroient pas

Des vives nüances des RATS

Dont aujourd'hui notre Patrie

Eſt ſi galamment aſſortie ;

Attendoit impatiemment

Au Monde notre avenement,

Pour

Pour former le Corps redoutable

Du REGIMENT incomparable,

Dont un simple Détachement,

Présente un spectacle si grand.

Quand la Belle fut apperçüe

Dans le Char sortant de la nüe,

Aux côtez du DIEU CALOTIN,

Ayant à leurs pieds Saint Pavin;

Tel fut l'effet de cette vüe

Que l'Armée entiere mordüe

(B)
Par l'Insecte qui fait danser,

N'auroit pû mieux se trémousser.

Les Cavaliers caracolerent;

Les Fantassins cabriolerent;

De longs cris l'air retentissoit;

Par reprises on entendoit

L 4

Vive

Vive Momus, vive la Belle

FOLLE D'UNE ESPECE NOUVELLE.

Cependant le Char defcendu,

A trois pieds de terre rendu,

Planant entre la double File

Vint fe pofer au Periftile.

Car le fonds du Croiffant s'ouvrit,

Et jufqu'au PALAIS s'étendit

Des deux parts, pour livrer paffage,

A l'HARMONIEUX ÉQUIPAGE.

Pour faire place Saint Pavin

Defcend, & le DIEU CALOTIN

Prend par la main fa Belle Hôteffe,

Qui marchant d'un pas de Déeffe,

Dans le grand Salon arriva :

Pour l'Ambigu qu'elle y trouva

Appellez

(C)

Appelez Alte Militaire

Ce repas qu'on ne fert plus guére,

Ou fuperbe collation ;

Cette dénomination

Eft au fonds très indifferente :

Mais notre Belle impatiente,

De s'affeoir refufa tout net,

Et fon fouper fut bientôt fait :

Un Brignon glacé le termine :

Et d'abord elle s'achemine

Au Periftile, le Dieu fuit ;

Seigneur, lui dit-elle, la Nuit

S'avance fort dans fa carriere ;

Et fi l'Aftre de la Lumiere,

Diligent en cette Saifon,

Remonte fur notre Horifon

Avant

Avant la fin de la R E V Ü E ,

Je suis une femme perdüe :

Une autrefois j'aurai le tems

D'admirer vos Appartemens ;

Ordonnez , je vous en conjure ,

Que votre brillante voiture

Nous porte à la tête du Camp ,

Mais n'y perdons pas un inſtant ;

Il faut vous obéïr , Madame.

Tous trois montez , à l'O R I F L A M E

Les voilà tout d'un coup rendus ,

Et les Ordres étant reçus ;

Toutes les Troupes s'ébranlerent ,

Et de défiler commencerent :

A I M O N ſuperbement monté ,

Auprès du Char s'étant poſté ,

Et

Et chaque corps qui se présente
(D)
Joüant sa Marche differente.

Ceux-ci sont LES AUDACIEUX.

Regardez bien, de tous vos yeux,

Le port du grand Chef qui les mene.

Heureux, & vaillant Capitaine

Il a plus fait parler de lui,

Que Guerrier qui soit aujourd'hui.

Je veux vous en dire une chose,

Qui prouve la Metempsicose :

En lui vit, & respire encor

Le grand, le redoutable Hector

Dont sous les murs de sa Patrie,

Achille termina la vie.

On disoit, quand il eût péri,

Que l'Oracle avoit bien menti :

Priam

Priam après mainte semonce,

En ayant eû cette réponse ;

Hector son Païs sauvera ;

L'Ennemi se retirera ;

Et ses Phalanges harassées ,

De divers Peuples ramassées ,

Après tant d'effort superflus

Désormais ne s'uniront plus

Contre ce florissant Empire.
(E)
Minerve n'en voulut pas dire

Davantage , & cacha les tems ,

De ces heureux événemens.

Remarquez l'air de confiance

De la BRIGADE qui s'avance ;

C'est la Troupe des ENNÜIEUX ;

A l'abordage dangereux :

Par

Par une conſtance héroïque

De quelque façon qu'on les pique,

Ils ne quittent priſe jamais :

Ils ne portent point d'autres Traits

Que des crochets, dont ils accrochent

Sans quartier, tout ce qu'ils approchent.

Quand ils ont ſçû vous accrocher,

L'affaire eſt de vous décrocher.

Quoique les Emplois Militaires

Ne ſoient jamais héréditaires ;

Par plus d'une bonne raiſon,

J'ai bien voulu dans la Maiſon

De l'ennüieux Chef qui commande

Cette faſtidieuſe Bande,

Fixer, irrévocablement,

L'honneur de ce Commandement.

Pour

Pour cette BRIGADE pimpante

Et de qui la Marche fringante,

En bondissant n'avance pas;

C'est un Escadron plein d'appas:

De plus près les voiant paroître

Vous allez bientôt reconnoître

Et de la Cour, & de Paris,

Maintes Beautez, de qui Cypris

Pourroit entrer en jalousie.

Qui? Ces Dames qu'on calomnie?

Et qu'on nomme malignement,

Les VESTALES du REGIMENT.

Souffrez-vous donc ces Impostures?

Et qu'on forge des avantures

Toutes neuves, ou qu'en brodant

Les faits, par un discours mordant,

On

On fasse au beau Sexe une injure . . .

Madame, je vous en conjure

Parlons mieux, connoissez-moi bien ;

Je médis, mais ne conte rien

Qui ne soit vrai ; la Calomnie

Est de mon Empire bannie

Et même à perpetuité.

Un Fait doit être constaté

Avant d'être sous la coupelle

De la CALOTINE Sequelle ;

Et nos éxamens rigoureux ,

N'en admettent point de douteux.

Vous pensez leur rendre service ;

Mais de croire qu'un peu de Vice

Aux Belles fasse tant de tort,

Elles n'en seroient pas d'accord :

De

De cette BRIGADE enjoüée

Comment feriez-vous avoüée ;

Elles feroient au defefpoir ,

De n'être pas fur le Trottoir.

Dans le fonds, pourquoi n'y pas être ?

Celles que le Ciel a fait naître

Avec des talens , des appas ,

En abufent , n'en ufant pas ...

Quoique MOMUS fe divertiffe ,

Il veut bien que je l'avertiffe ,

Et que je lui dife en deux mots ,

Qu'il tire fa poudre aux Moineaux ,

En me prêchant cette Morale ...

Mais d'où vient que fans intervalle ,

Ces Guerriers-ci fuivent leurs pas ?

Ils ne les abandonnent pas

Dit

Dit Momus, & cette Brigade

Qui, tôt ou tard, se rend malade

En outrant ses galans efforts,

Leur tient lieu de Gardes-du-Corps.

Vous pouvez voir dans cette chaise

Leur Chef, assez mal à son aise

Quoique ses ressorts soient lians:

Il est à la fin sur les dents;

En danger même de la vie;

Mais ses exploits que l'on publie

Consolent ce galant Seigneur;

Et de mourir au lit d'honneur,

Ce fut toûjours sa fantaisie:

Tel est leur genre de Folie:

Et nous les tîtrons noblement,

Les Athletes du Regiment.

M

Je

Je déteste les injustices.

Dont on paie leurs grands services ;

Je voudrois y remedier ;

Mais j'ai beau dire, beau crier,

Par Jupin, je ne suis pas maître

De les faire mieux reconnaître :

Sont-ils fourbus, ou harassez,

Aux gages les voilà cassez ;

Et de leur vaillance passée

La mémoire étant effacée,

On les laisse sur un fumier ;

D'abord un autre entre en quartier :

Si leur vigueur se renouvelle

Plus d'une , bien-tôt les rappelle ;

Et les trocs sont fort familiers,

Chez ces Belles , & ces Guerriers.

Ce

Ce détail , qui peu m'embarrasse ,

(Souffrez ma liberté de grace)

Est encor bon à supprimer :

N'est-il pas tems de m'informer

Du nom de cette Troupe leste

En si bel ordre , si modeste ,

Et de qui les brillans appas ,

Aux VESTALES ne cedent pas ?

Qu'elles me paroissent aimables !

Ce sont LES FEMMES RAISONABLES.

Celles-ci n'ont qu'un seul Amant

Qui les sert méthodiquement :

Elles se piquent de constance ,

De discretion , de prudence ,

Et de tous les ménagemens

Qui font que l'on aime longtems ,

M 2

Sans

Sans donner la moindre pratique

A la scandaleuse Chronique.

De belle passion sur tout.

Il faut, pour en venir à bout,

Que le Siége de cette Place,

Dans toutes les formes se fasse :

Et si le commerce des Sens

Après bien des soins, bien du tems,

Entre dans ce galant mistere ;

Il ne faut pas qu'on considere

Ce point-là, comme capital;

Le sentiment seroit brutal ;

C'est par excès de complaisance ;

Et pour donner quelque assûrance

A l'Amant, que sa vive ardeur

Force à douter de son bonheur ;

Et

Et dont l'ame est toûjours craintive,

Sans cette marque décisive.

Ah ! si l'on ôtoit seulement

Ce qui sent par trop le Roman,

Des façons de ces belles Dames,

Ce seroient les Reines des Femmes ;

Car sans une affaire de cœur,

Tout le reste n'est que langueur.

Mais je vois nos IMPERTINENTES

Toûjours d'elles mêmes contentes ;

Et qui font en perfection,

Le salut de Protection.

Il en est de tous les étages,

Aussi-bien que de tous les âges.

Troublé de ce qu'il apperçoit,

MOMUS s'écrie en cet endroit,

M 3

Voiant

Voiant la mutine BRIGADE

Faire alte ; voilà l'incartade ;

Voilà le tour de leut métier

Dont j'avois sçû me défier,

Sans que ma divine prudence,

Pût prévenir cette insolence.

Dans ce fâcheux événement

AIMON, sois mon aide de Camp :

Ne te reposes sur personne,

D'éxécuter ce que j'ordonne :

Elles t'envoiront promener,

Tentes tout pour les ramener :

Priere, menace, promesse ;

Sers-toi de tout avec adresse :

En toi seul je mets aujourd'hui,

Mon cher AIMON, tout mon appüi.

Si

Si par ton moien la R e v ü e

Ami, n'est point interrompüe,
(F)
M o m u s prend le Stix à témoin…

Le G e n e r a l, déja bien loin,

D'une legere galopade,

Joignoit la felone B r i g a d e.

S'il lui parla fort vertement,

Elle le reçût fierement.

Comme à M o m u s, cette avanture

Vous donne de la tablature;

Mais un dénoüment C a l o t i n,

En doit être l'heureuſe fin.

M 4   NOTES

NOTES
SUR LE SIXIÉME CHANT.

(A) *Pas même au poste d'Anspeſſade.*

ANSPESSADE eſt un bas Officier d'Infanterie qui eſt au-deſſous du Caporal, & pourtant au nombre des hautes payes. Les Anſpeſſades ſont éxemts de faction. Ce mot vient de l'Italien *Lança ſpezzada*, Lance rompüe. C'étoit autrefois un Gendarme, ou Cavalier démonté, qui n'aiant plus les moiens néceſſaires pour ſervir dans la Gendarmerie, demandoit une place dans l'Infanterie ; où on le faiſoit ſervir avec quelque diſtinction de paye, ou de ſervice ; au-deſſus des ſimples Fantaſſins ; mais au-deſſous de tous les Officiers.

(B) *Par l'Inſecte qui fait danſer.*

La Tarente, ou Tarentule ; dont la morſure, à ce qu'on prétend, fait rire, ſauter & danſer, continuellement & juſqu'à la mort. Sur les effets que ſa piquûre produit

duit voïez entre autres les Lettres de S. André Medecin, sur la Magie. Il y en a une qui roule presqu'entierement sur la Tarente, qui est très curieuse. Il propose plusieurs moyens pour arrêter les progrès de la morsure, & pour en empêcher les effets ; mais il tient ce mal foncierement incurable. D'autres prétendent qu'une huile extraite du même Insecte, est un specifique infaillible contre son venin.

(C) *Appelez Alte Militaire.*

Faire alte en termes de Guerre signifie s'arrêter. Il vient du Verbe Alleman *Halten, Stare.* Et de-là on appele *Alte* ou *Halte*, [car on peut écrire & prononcer de ces deux façons] ces Repas qu'on fait à l'Armée ou à la Chasse, dans une Marche, ou Rendez-vous de Chasse, en pleine Campagne.

(D) *Joüant sa Marche differente.*

On a composé un grand nombre d'airs, & même beaucoup de paroles, parmi lesquelles il y en a de bonnes, pour des Marches du Regiment. La plus belle de toutes commence par ces mots A M I C A L O T I N, D E L I C A T & F I N, &c. Mon dessein étoit de la mettre notée à la fin de cet Ouvrage ; mais j'ai été prévenu, ayant été mise dans le Recueil des Parodies nouvelles,

velles , & Vaudevilles inconnus. L'Air est de la com-
position de Couperin. On attribüe les paroles à un bon
Auteur.

(E) *Minerve n'en voulut pas dire.*

Minerve protegeoit les Troyens ; mais comme elle
changeoit quelque fois de parti , & qu'elle joüoit le
double, témoin le bon Homere, le fameux Cheval lui
fut dédié , & servit à la rüine de cette Ville.

(F) *Momus prend le Stix à témoin.*
Quand les Dieux juroient par le Stix, leurs Sermens
étoient irrévocables.

FIN DU SIXIÉME CHANT.

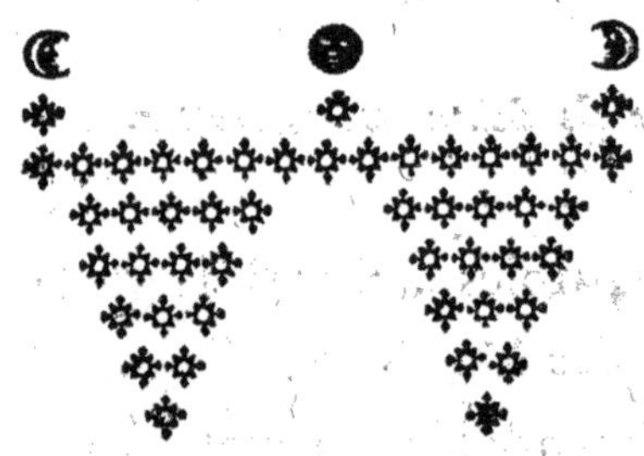

L E

LE CONSEIL
DE MOMUS,
ET LA REVÜE
DE SON REGIMENT.

CHANT SEPTIÉME.

D'UNE action toute guerriere,

Et d'une contenance fiere,

Le Général, en fulminant,

Joignant le Corps Impertinent

Quelle

Quelle mouche, dit-il, vous pique

Troupe indocile ? sans replique

Obéïſſez ; il faut marcher.

Nous nous ferons plûtôt hacher,

Répond la ſuperbe Atalante :

J'ai l'honneur d'être Commandante

Pendant que Cephiſe eſt au lit ;

Non, non, il ne ſera pas dit

Que cette B R I G A D E aguerrie,

Qui ne s'eſt jamais démentie ;

Sous mes ordres préciſément,

Souffre un indigne traitement.

Défiler devant cette Belle !

La moindre de nous, vaut mieux qu'elle.

O Ciel quelle prévention !

Quel excès de préſomption !

Vous

Vous voiez toute notre Armée

Des honneurs qu'on lui rend charmée,

Et pour se singularifer

Votre Troupe va s'avifer,

De rompre à MOMUS en vifiere . . .

Elle foûtient fon caractere.

D'ailleurs, à vous parler fans fard,

J'ai certaines raifons à part . . .

Si vous entendez vos affaires,

Vous en avez de bien contraires :

Quoi d'un premier pofte l'honneur

N'a-t'il rien ? . . . Parlez bas, Seigneur . . .

Soit. Bornez-vous vos efperances,

A vieillir dans les Lieutenances ?

Cephife eft prête de quitter,

Et rien ne pourra l'arrêter.

Vous

Vous trouverez des concurrentes

Qui ne font pas indifferentes ;

On peut vous faire un paffe droit :

Croiez-moi, faififfez l'endroit

Qui, ménageant la circonftance,

Vous affûre la préférence ;

Profitez-en ; fi vous tardez ,

Il eft sûr que vous vous perdez . . .

D'un refus dont Momus s'offenfe,

Je fens toute la confequence ;

De fon courroux, je le prévoi,

La bombe tombera fur moi :

Qu'il foit injufte , ou légitime,

J'en ferai la trifte victime.

A foûtenir l'honneur du Corps,

Je dois cependant mes efforts :

Ciel !

Ciel ! faut-il que cette R E V ü E ,

Si mal-à-propos soit venüe.

Pour moi je n'y sçais qu'un moien :

Mais , entre nous , il ne vaut rien.

Car enfin, comment pouvoir faire

Au Dieu le Salut Militaire ,

Cette Femme étant dans son Char ,

Sans qu'elle en attrape sa part ?

C'est de ce Salut la bassesse ,

Qui trop cruellement nous blesse :

Si l'on nous passoit ce point-là

Je crois… Ne tient-il qu'à cela ?

M o m u s , de sa grace , dispense

La Troupe de l'Impertinence

De tout salut, de tout devoir ,

Pour lequel Elle peut avoir ,

La

La plus legere répugnance :

Pour mainte haute Extravagance,

De cette noble éxemption,

Il lui doit la diftinction ;

Et de ce beau droit qu'il vous donne,

Il n'excepte pas fa Perfonne :

Faites donc marcher ; méritez

Par là, fes Divines Bontez …

Et le Pofte de Commandante ? …

Il eft à vous, belle Atalante ;

En éxigez-vous des fermens ? …

Non ; daignez prendre les devans ;

Portez à Momus la nouvelle,

De la fin de cette querelle :

Par tout ailleurs nous lui rendrons,

Le refpect que nous lui devons.

Lorfque

Lorſque, de tout près, Atalante

Reconnut ſa belle parente,

(Car notez qu'elle ne ſçavoit

•Pour qui la fête ſe faiſoit :

N'ayant pû lors de ſon paſſage,

Voir notre Héroïne au viſage)

Peindre la jalouſe fureur,

Qui vint s'emparer de ſon cœur,

Le tableau ſeroit difficile ;

Mais ſa rage fut inutile ;

Et ne pouvant plus reculer,

Force lui fut de défiler.

Or cette B R I G A D E impolie

Le beau contraſte ! étoit ſuivie

De Cavaliers bien differens :

En effet, on voit peu de gens

N   D'une

D'une si fine politesse ,

Ni d'une plus grande souplesse ;

Dissimulez , mais gracieux :

Jugez du desir curieux

Que notre Belle fit paroître !

Vous voulez , dit MOMUS, connoître

Ces Archers à brillans Carquois ;

C'est LA BRIGADE DES NARQUOIS.

Leur manœuvre est embarrassante ,

Et leur adresse surprenante :

On les accuse d'être faux ,

A cause qu'ils tournent le dos

A l'endroit vers lequel ils tirent ;

Leur But , jamais ils ne le mirent :

Mais simplement en y lançant ,

Un coup d'œil leger en passant ,

Décrivant

Décrivant une ligne oblique

Que l'on appele Politique ;

Leur Trait après de long détours,

(A)
Dans le noir se plante toûjours.

Il n'est BRIGADE en ma REVÜE,

Mieux étoffée & plus coſſüe ;

Chacun fait valoir le talent ;

Auſſi tous ont l'air opulent :

Car enfin le NARQUOIS de Ville

N'eſt moins adroit, ni moins habile,

Que le meilleur NARQUOIS de Cour.

Votre Sexe vient à ſon tour

Et… ces Dames ſont donc NARQUOISES?

Nous les nommons FINES MATOISES.

Ces BRIGADES ont grand rapport,

Mais le NARQUOIS eſt le moins fort :

<table>
<tr><td>N 2</td><td>Car</td></tr>
</table>

Car jamais le N A R Q U O I S n'emboife

Tout retors qu'il eſt, la M A T O I S E ;

Et la M A T O I S E maintesfois,

Mene par le nez le N A R Q U O I S.

Nous regrettons leur Commandante ;

Sa place a demeuré vacante :

Mais enfin j'ai pour la remplir

Un fujet, … Ah je voi venir

Nos élancez V I S I O N N A I R E S ,

Qui fe repaiſſent de chimeres,

Et qui bâtiſſent des Châteaux

En Eſpagne, tout des plus beaux.

Si la B R I G A D E étoit entiere,

Ce feroit une fourmilliere ;

Même ici fon Détachement,

Feroit feul un beau Regiment.

Les

Les uns réforment la Finance :
Si pour le bonheur de la France
Leur nouveau Plan s'éxécutoit,
En peu de tems tout fleurissoit.
A chaque nouveau Ministere,
Avec un sort toûjours contraire,
Dalnor offre les visions,
De ses neuves inventions ;
Qui remettroient tout en bel ordre,
Et dont il ne veut point démordre.
Que sçait-on ? Peut être qu'un jour,
Elles pourront avoir leur tour,
Arsson le suit. Par maint problême,
De cet avantureux sistême
Qu'à jamais on verra cité,
Prouvant l'infaillibilité ;

N 3

Il en eût empêché la chûte ,

Et la trop fatale culbute ;

Si l'on avoit crû ses avis ,

Que lui-même n'a pas suivis.

D'autres ont pour les méchaniques

Des visions mathématiques :

Les éxécutant en petit ,

(B)
La Machine leur réüssit :

L'utilité n'est pas bien sûre ;

Car en grand , c'est là l'enclouure.

(C)
Leur Capitaine, Ingenieur,

A tout autre, superieur,

Sçait rendre sûrs , & très sensibles

Les projets les plus impossibles;

Comme de tirer le Canon

Sans user ni poudre ni plomb;

De

De conſtruire Place aſſez bonne ,

Pour ſe deffendre ſans perſonne :

De nettoyer Canaux , Marais ,

Autant ſans peine , que ſans frais ;

D'empêcher les plus grands orages
(D)
De cauſer les moindres ravages ;
(E)
De rétablir le Pont-Euxin.

Et tout autre noble deſſein

Qui, ſoûtenu d'un beau caprice ,

Eſt digne de notre Milice :

Deux Lieutenans ſont ſes Seconds.

Eſprits ſubtils , Eſprits feconds :

Enfin, toute ſa Compagnie,

D'excellens Sujets eſt remplie.

Témoin les Canifs tant priſez ,

Témoin les Mouſquetons briſez ,

N. 4.

Et

Et Canons , qui par la culaſſe

Etans chargez , ont plus de chaſſe.

Témoin les Chariots à Vent ;

Et maint autre ſecret ſçavant.

Comme la viſion très-claire

De ce Clavecin Oculaire ;

Qui juſqu'à tous les autres Sens (F)

S'étendit , en ſi peu de tems.

O que l'oreille fut punie !

Elle croioit , douce Harmonie ,

Te poſſeder uniquement ;

Mais on lui démontra comment ,

Les quatre autres Sens de Nature ,

Ont de même leur tablature.

Parce que , non moins que le Son ,

Ils tendent tous à l'Uniſſon ;

Et

Et que rien ne peut être aimable,

Qu'autant qu'il est commensurable.

A tout cela je n'entens rien

Seigneur, . . . Cela se pourroit bien :

Plus d'un Inventeur de Systême,

Souvent ne s'entend pas lui-même.

(G)
Ils ont encore le Falun,

Expliqué d'un goût peu commun ;

Et les Carosses inversables ;

Et ces Galeres admirables

Qui plus vîte qu'un Trait iront,

Et toutes seules rameront.

(H)
Ils ont le grand Art de Détruire,

Qui vaut bien celui de Construire

En plus d'un cas ; *Parmenion*,

Le possede en perfection.

Plus

(I)
Plus le Navire magnifique,

Qui dans son dessein est unique ;

Car apprenez que ce Vaisseau,

N'est point fait pour aller sur l'eau…

Je l'ai vû, dit notre Héroïne ;

Certain Officier de Marine

M'y conduisit ; & n'en fait pas,

S'il faut parler net, un grand cas :

Mais de l'aller voir c'est la mode ;

Et pour le badaut, la badaude

Qui n'ont point vû de Bâtiment,

C'est sans doute un objet charmant.

On dit qu'on en tire des sommes…

Madame, voiez ces grands Hommes

Riches de Chimiques trésors ;
(K)
Sçachez, que ranimer les Morts

Ce

Ce n'eſt pas pour eux une affaire ;

(Mais il faut qu'on les laiſſe faire.)

Car pour guérir les plus grands maux ,

Par ſecrets Antimoniaux ,

Tels que l'Antimoine Aurifique ;

Et par ce parfait Specifique

Rajeûnir , refondre le Sang :

(L)
Navie le fait en badinant.

La Faculté trop ſcrupuleuſe ,

Pour lui devenant moins fâcheuſe ,

L'honora , par diſtinction ,

D'une pleine approbation :

Qui luy ſert de Titre autentique.

Malheur à tout autre Empirique ,

Qui ſe rencontre en ſon chemin ;

Elle le traite d'aſſaſſin ;

Et

Et foûtient que fon ignorance,

Feroit périr l'Humaine Engeance.

Mais cette même Faculté,

Contre les Gens de Qualité

Qui s'en mêlent, n'ofe rien dire ?

Et fans trompette fe retire :

Parce qu'ils tüent auffi-bien

Qu'un Docteur, & n'en prennent rien.

Nous avons quelques CALOTINES

Au nombre de ces Medecines :

(Parlant du Sexe Féminin,

On ne peut dire Medecin)

Même par fois la Chirurgie,

Eft chez elles de la partie.

Pour donner la Guerre ou la Paix,

Ces derniers remplis de Projets,

Hélas !

Hélas ! rencontrent des obstacles,

Sans lesquels ils feroient miracles.

Par un Privilege exclusif,

C'est de ce Corps tant inventif,

(Pour maintenir la discipline

De la MILICE CALOTINE)

Qu'on tire regulierement

LES INSPECTEURS DU REGIMENT;

Etendant leur surintendance,

Sur tout genre d'Extravagance.

La BRIGADE depuis dix ans,

Obéit à deux Commandans,

Tous les deux brillans dans leur Sphere:

Le premier est un Militaire,

D'un grand modéle imitateur,

Et de la Gloire adorateur.

L'autre

L'autre s'eſt rendu remarquable

Par certain Secret admirable ;

Dont il eſt l'heureux Inventeur.

Mais , voiez un peu quel malheur !

De ce grand Secret la pratique ,

Ne peut , en bonne politique ,

Recevoir d'approbation.

J'ai ſçû , par une Penſion ,

Qui n'eſt pas de modique ſomme ,

Conſoler un peu ce grand Homme ;

Car j'encourage les Talens ,

Par mes continuels Preſens.

Voici la BRIGADE AGAÇANTE

Qui ſans ceſſe m'impatiente ;

Moi qui me divertis de tout ,

Son manege me pouſſe à bout.

On

On croiroit parce qu'elle excelle,

A bien joüer de la prunelle ;

S'éxerçant la nuit, & le jour,

Dans l'art de donner de l'Amour ;

Que ces Belles ont l'Ame tendre,

Et n'en donnent que pour en prendre :

Mais une vaine Ambition,

Est leur unique Passion.

Continuellement en quête

De quelque nouvelle Conquête ;

Dès qu'un cœur paroît bien épris,

C'est assez, le Galand est pris :

Incontinent la Batterie

De la Coquette Artillerie,

Se dresse vers un autre Objet :

Combien pour ce nouveau projet

D'efforts

D'efforts redoublez ! Rien ne coûte :

C'eſt peu de dire qu'on écoute ;

De parler on donne beau jeu

Eh ! qui pourroit taire ſon feu ;

Quand de cent façons une Belle ,

A ſon ſervice vous appele.

Mais l'exploit le plus généreux ,

C'eſt d'enlever un Amoureux.

Dans tous les Etats de la Vie ,

Si l'eſpece de Jalouſie ,

Que l'on appele de Métier ,

Excite guerre ſans quartier ;

Conçevez un peu , je vous prie,

Quelle doit être la furie

D'une Coquette , à qui l'on prend

De haute lutte , ſon Amant.

De

Ah ! pour repouffer cette injure,

Il faut renverfer la Nature.

De tant de Cœurs en magazin ,

Ces Folles ne faifant enfin

Qu'un vain amas , & nul ufage ;

L'Amour qui de ce badinage

Jufqu'au cœur fe fent ulcerer,

Quoiqu'il ne puiffe digerer

Qu'on fe joüe ainfi de fon Culte ;

Pour fe mieux venger de l'infulte,

Sçait prendre à merveilles fon tems.

Il laiffe paffer leur Printems ;

Leur Eté ; bref tout le bel âge :

Et puis d'une Amoureufe Rage

Les fait brûler à petit feu.

Alors c'eft bon argent, bon jeu ,

O

Que

Que, sans garder les apparences,

Elles font toutes les avances,

Mais qui ne leur servent de rien.

A certains Minois tout sied bien:

Des Jeux & des Ris le Cortege,

Leur donne, outre ce privilege,

Celui d'avoir toûjours raison.

Mais, hors de leur belle saison,

Plus ces Amantes trop tardives

Pour plaire font de tentatives,

Moins elles inspirent d'ardeur.

Pour me remettre en belle humeur

J'apperçois mes chers Nouvellistes
(N)
Luxembourgeois, & Thuilleristes;

Qui s'occupent toûjours si bien,

De tout ce qui ne leur fait rien :

Gens

Gens moitié guais, & moitié triftes ;

Républiquains , ou Roialiftes ;

Plus échauffez pour leurs partis ,

Que les Wights , & que les Thoris.

Ils ont pour leur Chef un Illuftre ,

Qui touche à fon dixiéme luftre.

De fes incomparables RATS

J'ai toûjours fait un fi grand cas,

Que même en l'élevant au Grade

Hors de rang de CHEF DE BRIGADE,

D'un honneur tout particulier

J'ay voulu le gratifier.

Sçavoir , d'un Titre magnifique ;

D'autant plus beau , qu'il eft unique…

Quel eft donc ce Titre charmant ?

GRAND GAZETIER DU REGIMENT.

 Employ

Employ dont si bien il s'acquitte,

Que souvent je me félicite

D'avoir sçû faire un choix si beau.

Quand il ne sçait rien de nouveau

Pour lui ce n'est pas une affaire ;

Il a l'art, & le droit de faire

Toute espece d'invention :

Sans prendre la précaution,

D'y mettre de la vrai-semblance :

(Dont il tient de nous la dispense.)

Qu'il débite, en gesticulant,

D'un air vif , même pétulant.

Mais en Païs de connoissance

Vous allez vous trouver, je pense,

Sans que je vous dise son nom …

Seroit-ce notre cher Damon ?

Ah

Ah je l'apperçois ! c'est lui-même.

Je ressens un plaisir extrême,

Etant de mes anciens amis,

Qu'il soit au rang des Favoris

De la DE'ïTE' CALOTINE:

Et, je n'en ferai pas la fine,

J'avois crû qu'il nous en contoit,

Dans tout ce qu'il nous débitoit

De son Poste considérable ...

Rien n'est pourtant plus véritable.

Mais, si vous me le permettez,

Vous même vous nous en contez.

Et lorsque d'un peu d'artifice

On vous taxe, est-ce une injustice ?

Vous sçavez par cœur ce BREVET.

Un de vos esclaves l'a fait...

Q 3

DIVIN

DIVIN MAÎTRE DE LA MAROTTE,

Comme il n'est pas de la CALOTTE,

Que sçai-je si vous adoptez
(O)
Sous des BREVETS écartez,

Dont le premier venu s'avise ?

Et si le CONSEIL autorise...

Il n'en est pas, qui vous l'a dit ?

Madame, il a le tour d'esprit

Trop CALOTIN, pour n'en pas être.

Il doit y figurer en Maître :

Et je crois ne rien hazarder

Quand je lui ferai commander,

La Troupe de PINSE-SANS-RIRE;

Qui sçait manier la Satyre

Si finement, que leurs Ecrits

Pour les Connoisseurs sont sans prix.

Ces

Ces Meſſieurs les PINSE-SANS-RIRE
Tiennent leur coin dans mon Empire ;
C'étoient eux qui dans le moment,
Défiloient ſous un Lieutenant.
Enfin voici LE PETIT MAÎTRE...
Je brûlois de le voir paraître ;
Et n'oſois par diſcretion,
Vous en faire la queſtion.
Aux premiers rangs, je le confeſſe,
J'ay crû... Vous marquez la juſteſſe
De votre façon de penſer ;
Si vous n'avez pas vû paſſer
Cette BRIGADE ſi fameuſe,
C'eſt parce que la pareſſeuſe,
Par ſa faute , a perdu le Pas,
Que l'on ne luy conteſte pas.

O 4

Dans.

Dans le tems qu'elle eſt accourüe

Nous étions en PLEINE REVÜE;

Elle s'eſt formée en paſſant ,

A la hâte , au fonds du Croiſſant.

De cent mille objets occupée ,

Elle eſt toûjours ſi diſſipée

Qu'à peine on la peut réünir :

Et d'ailleurs pour la contenir ,

Elle me donne , je vous jure ,

Sans ceſſe de la tablature.

D'Exercice , Elle n'en fait pas ;

Et de l'Ordre , ſi peu de cas ,

Que cette Troupe mal appriſe

N'a point voulu d'autre Deviſe

Qu'un vieux Sobriquet , qu'autrefois

Eût le Regiment Champenois.

Abhorrant

Abhorrant toute Difcipline,

Facilement on imagine

Qu'elle n'a point de Commandant ;

Ny d'Officiers, cela s'entend.

Vous le voiez ; cette BRIGADE

Ne marche qu'à la débandade :

Quel dommage ! malgré cela ,

Je fuis charmé de ces gens-là.

En fait de valeur CALOTINE,

La plus folle étant la plus fine ,

Ce font autant d'Originaux ;

Qui ne trouvent point leurs égaux.

Bref le PETIT MAÎTRE raffemble

Tant de Ridicules enfemble ,

Que je les ai fait , juftement ,

LES GRENADIERS DU REGIMENT.

Aprês

'Après vinrent les INUTILES,

L'ornement des petites Villes ;

Qui sont à Paris aujourd'hui,

(P)
Des Caffez le solide appüi.

(Q)
LES SUPPOTS DE LA POESIE,

Et MESSIEURS DE LA SYMPHONIE.

(R)
Les IMPORTANS, & les DISTRAITS,

Ces derniers CALOTINS parfaits.

Un gros ploton de JOURNALISTES ;

Toûjours peu fideles Copiftes ;

Tantôt par incapacité,

Plus souvent par malignité.

(S)
Les MATADORS DE LA PEINTURE,

DE LA SCULPTURE, ARCHITECTURE,

(T)
LES DE'REGLEZ, & LES COUREURS.

Plus une bande de CONTEURS

(Non

(Non avec le fel & la grace,

De la Fontaine, ou de Bocace.)

Mais, pour fe montrer à Paris,

S'étant couverts à jufte prix

Dans les Cantons Afiatiques,

De longs vêtemens magnifiques ;

Leurs Caliphes, & leurs Sultans,

Brillerent durant quelques tems :

Et malgré la redite fade

De l'ennüieufe Dinarzade,

Des Quarts-d'heures, des Nuits, des Jours,

Tous les Milliers eurent du cours.

Mais comme il faut modes nouvelles,

(Sur tout en fait de bagatelles)

On remit en jeu l'Animal.

Jurant que du Peuple Cheval

La

La très profonde politique

Aux Machiavels fait la nique.

Les petits Hommes , les Géans

Parurent aussi sur les Rangs.

Mais là , comme on voit d'ordinaire ,

(Y)
Le Fils , ne valut pas le Pere.

(Z)
Paré d'un beau nom , le Belier

Nous apprit qu'il est un Sorcier.

Fleur d'Epine , & son cher Tararo

Firent un autre tintamarre.

Et pour couronner l'œuvre enfin ;

Vint le quadruple Facardin.

Plus que tout le reste admirable ,

Parce qu'il est indéchifrable.

O combien les meilleurs Esprits ,

Trouvent de suc dans ces Ecrits !

Quant

Quant aux Journées Amusantes ,

On doit les rendre interressantes.

(AA)
Après vinrent les DE'PLACEZ :

En vain, pour être remplacez ,

Importunant la Cour sans cesse.

Les plus habiles ont l'adresse

De se donner au bon MOMUS ,

Dont ils sont toûjours bien reçûs.

Car il donne à cette BRIGADE ,

Tantôt quelque belle Ambassade ,

(BB)
Les envoiant à Liliput ,

Ou vers le Roy de Calicut ;

Tantôt quelqu'autre Poste honnête ,

Qui les remonte sur leur bête :

A ces Emplois tant recherchez

Gros revenus sont attachez ;

Paiez

Paiez, (c'est un ordre admirable)

Chaque mois, bon Papier sur table ?

En Lettres, Billets, Mandemens,

Tirez sur les Freres Bechmans ;

Qui sont pour la Trésorerie,

D'une singuliere industrie.

Or, aprés ce Corps importun

On vit arriver, un à un,

Un Gros de GRAVES PERSONNAGES

De qui le RAT est d'être SAGES;

Trop mollement voluptueux,

Ou trop durement vertueux :

Sur maint Chef important l'un berne

L'Ancien, l'autre le Moderne :

En fait de Systême il n'est rien,

Tel que d'avoir chacun le sien.

Après

Après eux les Femmes ſçavantes :

Aujourd'hui plus entreprenantes

Plus fortes en nombre , en crédit ,

Que quand Moliere les peignit.

Car pour réparer l'injuſtice

Que leur a fait notre caprice ,

Et ſur tout pour nous faire voir

Que leur Sexe eſt propre au Sçavoir

Plus que la Maſculine Engeance ,

Tout devient de leur compétence.

Y réſiſter , voire qui peut ;

Ce que Femme veut , Dieu le veut.

Lors vinrent ceux qui ſe font fête

De courir après une Bête ;

Quand c'eſt par ſimple amuſement

C'eſt un CALOTISME charmant :

Roial

Roial ébat, noble éxercice,

Vive image de la Milice :

Dans un tems oisif le Héros

S'y façonne aux Guerriers Travaux :

Travaux que la brüiante Trompe

Conduit, & célebre avec pompe :

Là, comme à la suite de Mars,

N'affronte-t'on pas les hazards ?

Et n'est-il pas mainte rencontre

Où la fine Valeur s'y montre ?

Voilà le beau, voici le laid.

Le Noble Fainéant en fait

Son talent, son unique affaire.

Chasser est tout ce qu'il sçait faire :

Parler de Chiens, & de Chevaux,

Sont ses fins & galants propos.

Hircan

Hircan a couru trop grand erre,

Car ſa Meute a mangé ſa Terre.

Enſuite, autre Eſpece de gens

Plus acharnez, plus turbulens,

Mais de façon toute contraire.

C'étoit la Troupe Sédentaire

Des incorrigibles JOUEURS

Qui ſont toûjours dans les horreurs,

Où dans les tranſports de l'yvreſſe

D'une fortune enchantereſſe,

Dont les caprices imprévûs,

Les laiſſent à la fin tous nuds.

DES TROIS SPECTACLES LES PRINCESSES

Suivoient LES PÉTITES MAÎTRESSES.

Avec grande émulation :

Ceci va par gradation.

 Quant

Quant à la PETITE MAÎTRESSE;

Elle se modéle sans cesse

Sur le PETIT MAÎTRE; à tel point

Que de vûe ne perdant point

Ses discours, ses airs, son allure,

En peu de tems elle est bien sûre,

Avec sa disposition,

D'une pleine imitation.

Par le secours de sa Naissance

Ou de l'excessive Opulence

(Qui met en France en droit de tout,)

Elle pousse bientôt à bout

Sans crainte, comme sans scrupule,

Le Travers & le Ridicule.

D'abord les Parens font grand train.

Mais ils s'accoûtument enfin.

Pour

Pour la PRINCESSE DRAMATIQUE

Nul n'ignore qu'elle se pique

De joüer en perfection,

La Femme de Condition:

Et comme, par mainte alliance

Elle tient à toute la France;

Cette haute prétention

N'est point une usurpation.

Le manque de Délicatesse

Fait qu'à la PETITE MAÎTRESSE

Mille gens trouvent des appas,

Que les Bons Airs n'attrapent pas.

Et, croiant faire des miracles,

Les NYMPHES DE NOS TROIS SPECTACLES

Qui pensent faux, vont se formant

Sur cette Espece uniquement.

Il

Il en est pourtant quelques-unes

(Celles-là ne sont pas communes)

Dont le discernement exquis ,

Leur en inspire un grand mépris ;

Et de qui la forte cervelle

S'attache au plus parfait modele.

Le bon MOMUS, en sanglotant ,

Dit à la Belle en cet instant ,

Las ! telle étoit leur Commandante , (CC)

Que Paris trouvoit si charmante :

Sur ce funeste événement ,

Tirons le rideau promptement.

La perte est presqu'irréparable :

Et j'en étois inconsolable ;

Lorsque mon fortuné destin

Ramena d'un Païs lointain

Une

(DD)

Une certaine CALOTINE....

MOMUS permet-il qu'on devine?

D'un certain Païs vers le Nord

Où souvent il gêle si fort....

Vous l'avez dit ; cette Personne,

A ne vous rien celer, me donne

Un juste espoir de remplacer

Cette Actrice, qui fait verser

A Paris, de si justes larmes ;

Celle-ci n'a pas moins de charmes ;

Et même, sauf le droit de plus,

On n'en doit pas craindre l'abus,

De choisir le mauvais modele :

Car, sans trop flatter cette Belle,

Elle même en pourroit être un,

Je m'y connois, hors du commun.

Et

Et quant aux Talens de la Sçene ,

N'en foiez nullement en peine;

Outre que pour y parvenir

Sans doute , elle a de qui tenir.

Un autre point de confequence

Redouble encor mon efperance ;

Elle a , c'eft tout vous dire enfin ,

Le Cœur , & l'Efprit CALOTIN.

Madame , ceci fe doit prendre

Dans le fens... Je croi vous entendre.

Mais , bons Dieux , comme eft bigarré

Ce petit Bataillon Quarré !

Ce font divers CORPS LITTERAIRES,

Qui ne vivoient pas en bons freres :

Mais chacun voulant aujourd'huy

Se mêler du métier d'autruy,

Cette

Cette nouvelle fantaifie

A fufpendu leur jaloufie:

De les voir mutuellement

Se gratter, quel plaifir charmant !

Après vinrent douze Brigades

En differentes Mafcarades ;

Si bien que je ne les pus voir :

Je fuis dans un vrai défefpoir,

D'être hors d'état d'en rien dire :

Dans le Char je voiois foûrire ;

Mais ils s'entretenoient fi bas ,

Que je ne les entendis pas.

Cet endroit-là, je m'imagine ,

De notre Montre Calotine

N'eût pas fourni les moindres traits :

Mais quoique pofté tout exprès.

Pour tout voir , & pour tout entendre ,

Etant chargé de vous en rendre

Un compte éxact ; vous rapporter

Ce que je ne pus écouter ,

Seroit une fauſſe démarche.

Pour fermer cette FOLLE MARCHE ,

On vit enfin paroître un Gros

(EE)

De GRANDS OFFICIERS, Commençaux

De MOMUS ; mais de qui le Grade ,

Ne tient à pas une BRIGADE.

Or les CORPS s'étant retirez ,

Tous les CHEFS étoient demeurez ,

Proche du Char ; hors Atalante

Qui s'en alla fort mécontente.

S'étant autour du Dieu preſſez ,

Et d'écouter fort empreſſez ,

MOMUS

MOMUS compofant fon vifage

Mot à mot leur tint ce langage.

Honorables CHEFS, maintenant

Il s'agit du Pofte Eminent,

Que je deftinois à la Belle,

FOLLE D'UNE ESPECE NOUVELLE.

Mais fçachez que ce beau deffein,

Eft traverfé par le Deftin.

Puifqu'il faut enfin vous le dire,

De l'affocier à l'Empire,

Je me faifois un vrai bonheur:

Elle refufe cet honneur.

Dans le tems que notre REVÜE

Eft demeurée interrompüe,

Je n'en ay pû rien obtenir.

Quel Titre peut luy convenir ?

CALOTINE

CALOTINE, par excellence,

Ne rend pas mal ce que je penfe.

Le Dieu des CALOTINS prétend,

Il veut , il ordonne , il entend ,

Que cette Perfonne Divine

Soit, *MADAME LA CALOTINE*.

Tel eft notre plaifir : J'ay dit.

La Troupe des CHEFS applaudit ,

Et d'un commun accord s'incline

Vers *MADAME LA CALOTINE*.

Tous répetent en même tems ,

Avec des tranfports éclatans ,

Vive , vive *LA CALOTINE*

Notre Reine , notre Héroïne :

Sous ce Titre nous lui rendons

L'hommage que nous lui devons ,

Exemt

Exemt de toute jalousie.

Après cette Cérémonie

La Belle au Dieu lance un regard,

Qui luy disoit qu'il étoit tard.

Il faut vous obéïr, Madame.

Il fait donc plier l'ORIFLAME.

Le Char dans les Airs élevé,

Bientôt à Paris arrivé,

Et là, redevenu Berline,

Droit chez la Belle s'achemine.

On ouvre, Elle descend foudain:

Et puis leur dit, d'un air badin,

Leur faisant signe de se taire;

Bon soir, Seigneur de Saint Hilaire;

Bon soir, Seigneur de Saint Pavin.

Ne vous verra-t'on pas demain?

NOTES

NOTES
SUR LE SEPTIÉME CHANT.

(A) *Dans le noir se plante toûjours,*

COMME forfque l'on tire au Blanc, il y a un petit Rond Noir tout au milieu, & que donner dans ce point, c'est la perfection : je veux dire que le Narquois donne toûjours au milieu de son But, & réüſſit ; non pas à moitié, mais en perfection.

(B) *La Machine leur réüſſit.*

L'Académie des Sciences est pleine de Modéles, en petit, de diverses Machines dont les Mouvemens sont justes; mais qui n'ont pas réüſſi étant éxécutez en grand: parce que le Frottement non-seulement augmente, mais même se multiplie, à proportion du volume.

(C) *Leur Capitaine Ingenieur.*

Je ne le nomme que Capitaine, parce que je forma

des

des Compagnies des diverfes efpeces de Vifionnaires que j'introduis ici ; lefquelles compofent la Brigade dont on trouvera les Chefs, à la fin de leur article.

(D) *De caufer les moindres ravages.*

On avoit prétendu pour détourner la Grêle, & en prévenir les effets, mettre des Mortiers dans toutes les Fermes, & Métairies de la Campagne ; lefquels feroient tirez lorfqu'on verroit l'orage fe former. Ce Projet fut propofé ferieufement au Miniftere.

(E) *De rétablir le Pont Euxin.*

On fit accroire à un bon Méchanifte, mais peu fçavant en Litterature, qu'il y avoit une Arche du Pont Euxin rüinée ; qu'il étoit à propos de rétablir pour rendre au Public l'ufage de ce Pont. Il préfenta ferieufement un Placet, pour en avoir la Commiffion.

(F) *Qui jufqu'à tous les autres Sens.*

Sur le Clavecin Oculaire voiez les Differtations faites en Angleterre fur cette matiere, le Mercure de France du mois de Fevrier 1726. page 277. & fuivantes. L'Auteur de ce Syftême y étend fon Clavecin à tous les Sens ; & cela fur le Principe expliqué dans les Vers qui fuivent celui de la Note ; Principe fur lequel il fe fon-

de

de uniquement : Voiez encore le Mercure de France, mois de Mars 1726. page 456. & suivantes.

(G) *Ils ont encore le Falun.*

Sur le Falun & les Faluniers de Touraine, voiez l'Histoire de l'Académie des Sciences, année 1720.

(H) *Ils ont le grand art de détruire.*

Celui qui fut chargé de démolir un certain Canal, prétendit que la promptitude de cette démolition étoit un chef d'œuvre de l'Art, qui ne cédoit point à la consruction des plus beaux Edifices.

(I) *Plus le Navire magnifique.*

C'est ce Vaisseau qui est en Chantier au bout du Cours, que l'on a montré, & qu'on montre encore pour peu de chose.

(K) *Sçachez que ranimer les Morts.*

Allusion à l'histoire d'un homme noyé, qu'on prétendit faire revivre, en l'envelopant dans un drap imbibé d'eau-de-vie, auquel on mit le feu.

(L) *Navic le fait en badinant.*

Parce que son remede n'est point du tout assujettissant.

(M)

(M) *Obéit à deux Commandans.*

Il est réel qu'il y a deux Chefs de cette Brigade, mais elle est si nombreuse & si étendüe, qu'un seul n'auroit pû suffire.

(N) *Luxembourgeois, & Thuilleristes.*

Les deux grands Bureaux des Nouvellistes sont au Jardin des Thuilleries, & à celui du Luxembourg. Celui du Palais n'est rien en comparaison, & ne sert presque que pour les jours de mauvais tems. Lors les plus huppez vont aussi dans les Caffez.

(O) *Ainsi des Brevets écartez.*

Il est certain qu'il y a plusieurs Brevets qui non-seulement ne sont point composez par des Officiers du Corps, mais même qui sont faits à l'insçû des Chefs du Regiment ; qu'on rendroit très injustement responsables de pareils Ecrits : le Brevet dont on parle ici est de ce nombre ; & mériteroit fort d'être muni du Sceau du Regiment. Il est délicat, & fort bien écrit.

(P) *Des Caffez le solide appüi.*

Nous avons un Brevet d'Inspecteur des Caffez.

(Q)

(Q) *Les Suppots de la Poësie.*
Et Messieurs de la Symphonie.

Les Poëtes & les Muficiens ont un droit fi naturel à la Milice Calotine, qu'ils devroient y être reçûs fans Preuves, & dès le Berceau. Il y a nombre de Brevets pour de fameux Poëtes.

(R) *Les Importans , & les Diſtraits.*

Il y a un Brevet d'Important, dont le plus grand privilege eſt le droit de faire le gros dos.

(S) *Les Matadors de la Peinture ,*
De la Sculpture , Architeêlure.

Les grands Peintres feroient bien malheureux de n'ètre pas Calotins. Ils n'auroient guéres de feu, & d'Imagination. Plufieurs des plus fameux font décorez de nos Brevets de Premier, de Second Peintre , &c. Nous avons auffi des Brevets d'Architeêtes , & de Contrôleurs des Bâtimens de Momus.

(T) *Les Déreglez & les Coureurs.*

Nous avons auffi une Brigade de Déreglez , & une de Coureurs ; dont les Chefs font Brevetez.

(V)

(V) *On remit en jeu l'Animal.*

Les premieres Fables, comme celles d'Esope, Phedre, &c. n'étoient que les dits & gestes des Animaux qu'on faisoit agir & parler, à l'exception toutes-fois des Fables Milesiennes qui étoient comme nos Romans ; les Peuples de Milet étans grands Conteurs, & grands Faiseurs de Fictions.

(X) *Jurant que du Peuple Cheval.*

Voiez les Hoüyhnmnms dans le premier Gulliver.

(Y) *Le Fils, ne valut pas le Pere.*

Il est dangereux d'épuiser un sujet & les meilleurs Ecrivains, comme celui-ci par exemple, ne laissent pas de tomber dans cet inconvenient.

(Z) *Paré d'un beau nom le Belier.*

Voiez les Livres de ces noms, tous nouveaux, & de la presente année.

(A A) *Aprés vinrent les Déplacez.*

Je sçai que dans les regles étroites de la Poësie ; le Simple & le Composé ne riment pas ; mais je ne puis me rendre à l'avis de ceux qui veulent que deux Composez ne riment pas l'un avec l'autre, sur tout quand

Q

c'est

c'eſt un Antitheſe qui porte penſée, à laquelle l'éxacti-
tude de la Rime doit être ſouvent ſacrifiée.

(BB) *Les envoyant à Liliput.*
Le Royaume de Liliput eſt le Païs des Petits-Hom-
mes du premier Gulliver.

(CC) *Las ! telle étoit leur Commandante.*
Feüe Mademoiſelle le Couvreur.

(DD) *Une certaine Calotine.*
Madame de la Traverſe, arrivée de Dreſde au Printems dernier, & Petite Fille du fameux Baron. Il eſt
vrai que ſon Début n'a pas été éclatant ; mais l'étoffe
y eſt. Elle poſſede tous les dons du Corps & de l'Eſ-
prit, qui font une bonne Actrice : L'Oracle de Momus
ne peut être menteur ; & nous en verrons l'accompliſ-
ſement, malgré les Brigues & les Contradictions Hu-
maines.

(EE) *De grands Officiers Commençaux.*
Ce Gros fournit beaucoup. Leurs qualitez & leurs
Brevets ſont ſi connus dans le Corps Calotin, & par
conſequent dans le Monde, qu'il eſt inutile de les rap-
peler ici.

FIN

LETTRES

LETTRES PATENTES

DONNÉES PAR

LE CONSEIL CALOTIN,

POUR FAIRE BATTRE LA MÉDAILLE

DU REGIMENT.

OUS GENERAL DE LA CALOTTE
Pouſſez de la même Marotte
Qu'avoient les Grecs, & les Latins,
Pour perpetuer leur mémoire ;
Afin de conſerver la gloire,
Du Regiment des Calotins.

Q 2　　　　Voulons

Voulons qu'on frappe une Médaille
Qui fasse nargue à l'Antiquaille.
Et dont la Face & le Revers,
Ornez des Symboles divers,
Que porte la Gent Calotiere,
Instruise la Race derniere.

De l'Avis donc des Calotins,
(Autrement Freres de la Joye)
Ordonnons au Sieur Roctierins
Le Graveur de notre Monnoie,
De graver avec beaucoup d'Art,
Le grand Dieu M o m u s d'une part
Assis sur un leger nüage ,
Et montrant un riant visage :
Avec ces beaux mots à l'entour
C'EST REGNER QUE DE SÇAVOIR RIRE.
Mots que la Ville, & que la Cour,
Devroient à tous momens redire.
Quant au Revers : on y verra
(Autant que l'Art le permettra)

Le

Le noble Ecu de LA CALOTTE,
Portant en Pal, une Marotte :
Le Champ semé de Papillons,
Les plus legers des Oisillons.
Le Chef, comme noble partie,
Aura la Lune dans son Plein ;
Cet Astre, qui du Genre-Humain
Regle la Conduite, & la Vie ;
Dont les Croissans aux deux côtez,
Marqueront les varietez.
Une Calotte à double oreille,
Et couvrant le Chef à merveille,
Servira de Timbre à l'Ecu.
Sur ce Casque plein de vertu,
D'où pendront Grelots, & Sonnettes,
Sera plantée une Giroüette ;
Legere, & tournant à tout Vent :
Ayant au pied le Rat Passant.
Pour Lambrequins, une Fumée
D'un des plus fins Broüillards formée.
Deux Singes Gémeaux, & très forts,
Feront à côté les Supports.

Q 3

Mais

Mais quoique pareils en Nature,
Ils seront divers en Vêture.
L'un portera Manteau, Collet;
L'autre la Botte, & le Plumet:
Image de Gent occupée,
Tant à la Robe, qu'à l'Epée.
Ordonnons qu'on y mette aussi
(Comme pour Devise, & pour cri)
La Lune nous conduit, MOMUS *nous favorise:*
Vers renfermant Doctrine exquise:
Et duquel Vers tout CALOTIN,
Se souviendra soir & matin.
Voulons de plus que chaque Frere
Porte le susdit Médaillon
Tant en Or, qu'Argent, Bronze, & Plomb,
Du côté de la Boutonniere.*
Entendons que tout Cordon Bleu,
Noir, Rouge, ou de Couleur Bizarre
Tel que celui de Saint Lazare,
Se dise, par un noble aveu

   * L'Ordre de Momus n'est incompatible avec aucun autre, &
il n'est point au-dessous d'une Personne constituée en quelque
Dignité que ce soit, de le porter.

Frere

Frere de la Chevalerie ;
Sur tout dans les tems de Frairie :
Tems auquel l'aimable Comus
Suivi de Bacchus, de Cythere ,
Ordonne de la bonne chere
En Maître d'Hôtel de M o m u s.
Sur ce , mes chers Freres, je prie
Le grand Dieu de la Raillerie
Qu'il vous donne joye , & santé.
Le tout conclud , fait , arrêté ,
Près notre grand-Chancellerie.
Au mois que la Féve est fleurie.
Scellé , signé de notre Nom.
D e T o r s a c , & par moi A i m o n.

ARREST
DU CONSEIL DU REGIMENT
DE LA CALOTTE,

Contre la fauſſe Edition des Brevets,
& autres Reglemens ſuppoſez.

NOUS, par la grace de Momus,
De ſes Decrets dépoſitaires,
A tous ſacrileges abus,
Mort, où châtiment éxemplaire.
   L'Aréopage convoqué
Sur le prudent Requiſitoire
D'un de nos Scribes provoqué
Par ſon zele pour notre gloire,

Contre

Contre un Receüil sophistiqué
A l'instar de ce vieux grimoire
Jadis à Mercure excroqué *
Par deux Grecs qui l'avoient fait boire,
Et qui des Ministres des Dieux,
Aux yeux d'un Peuple curieux,
Prenant les sacrez caractere,
D'un Livre saint & précieux
Osoient infecter ses Mysteres
Par leurs discours séditieux,
Et sous des titres spécieux
Mêloient des Pieces adulteres
Aux Divins Oracles des Cieux.

  * Mercure descend du Ciel par ordre de Jupiter, pour faire relier le Livre des Destinées dont il l'avoit chargé : Etant arrivé à Athenes dans une Hôtellerie, il trouva Briphanes & Curlazius qui luy escamoterent, & en mirent un autre à la place, contenant tous les petits passe-tems d'Amour de Jupiter, comme quand il se fit Taureau pour ravir Europe, quand il se déguisa en Cygne pour voir Leda, quand il prit la forme d'Amphitrion, &c.

  Jupiter métamorphosa en Chevaux les deux Atheniens.

  Voiez un petit Livre in seize intitulé, C Y M B A L U M M U N D I, par Bonaventure Desperieres, Valet-de-Chambre de Marguerite de Valois, Reine de Navarre, Sœur de François Premier.

Ayant

Ayant établi dans la Forme
La parité de ces deux faits ;
Constaté l'attentat énorme
Fait contre nos sages Arrêts,
Par l'examen d'un Livre informe
Où sont inserez maints Brevets,
Enfans bâtards & contrefaits
De ces Cerveaux paralytiques,
Qui sans nos Lettres autentiques,
Et nos Pouvoirs dûment visez,
Se sont, comme mal avisez,
Indiscrets, broüillons, téméraires,
Calomniateurs & faussaires,
Poussez du Démon de rimer,
Ingeré de faire imprimer
Nos plus augustes Ordonnances,
Edits, Patentes, & Rescrits,
Pesle-mesle avec leurs Ecrits,
Et Cyniques extravagances.
   Voulant punir de tels abus,
Par l'autorité de MOMUS

Faisons

Faisons revivre la Sentence
Qu'en un cas d'égale importance
Prononça le grand Dieu Jupin.
Métamorphosons en Alfane, *
Tout sacrilege turlupin,
Auteur, & Colporteur prophane
De ces lambeaux mal assortis
Aux vrais Decrets qui sont sortis,
Du Haut Conseil de la Marotte.

Ordonnons que ces faux Ecrits
Biffez, déchirez & proscrits,
Mis au Greffe de la Calotte,
Soient brûlez solemnellement
Par le Bourreau du Regiment.
Déclarons fausse & subreptice
Toute piece que l'artifice,
Contre expresse inhibition,
Pourroit soustraire à la Police

---

* Alfane étoit la monture du Géant Gradasse, qui vint du
fonds de la Sericane pour conquerir l'Epée de Renaud de Mon-
tauban. Voiez l'Ariofte dans le Second Chant de son ORLANDO
FURIOSO.

De

De notre Perquifition.
Enjoignons à nos Secretaires,
Greffiers, Ecrivains & Notaires,
Sous peine de Profcription,
De tenir avec vigilance
La main à l'éxécution
De notre préfente Ordonnance,
Si l'on ofe y contrevenir.
   Leur deffendons à l'avenir
De répandre aucun Exemplaire
De BREVET, ou de REGLEMENT,
Même émané directement,
Qu'il n'ait la forme néceffaire,
Et ne foit, juridiquement,
Muni du SCEAU DU REGIMENT.

FIN.

BIBLIOTHÈQUE DE L'ARSENAL

www.ingramcontent.com/pod-product-compliance
Lightning Source LLC
LaVergne TN
LVHW052012060726
842528LV00002B/480